著名相声、戏法演员常连安（1963 年摄于上海）

常连安在表演单口相声

常连安在表演古彩戏法"罗圈献彩"

左起：常宝华、常宝霖、常连安、常宝堃、常宝霆

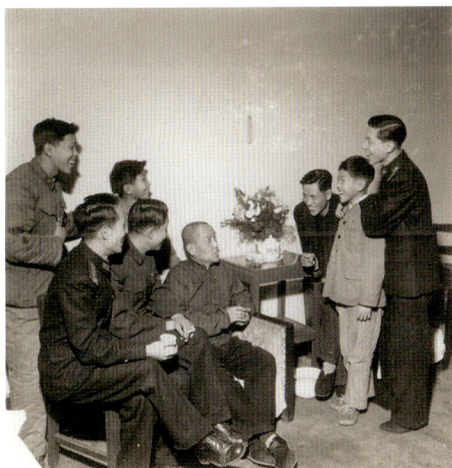

常连安和儿子们在讨论作品

常氏三代人于"常氏相声专场"演出后合影（摄于1961年）

常连安夫妇小白楼公园合影

全家福（1961年）后排：常宝环、常贵昇、常宝华、常宝霖、常宝霆、常贵田、常宝珊，中排：常虹、常宝瑛、常宝玉、付天真、桑秀茹、于长敏、常宝珠、常宝玲、常贵蓉，前排：常青、王园园、常宝丰、常贵期、贺淑卿、阮一华、常贵芳、常宝庆、常贵德、常贵芹

石慧儒（左）、常连安（中）、骆玉笙（右）

曲艺团北京留念，左起：李润杰、苏文茂、石慧儒、常连安、王毓宝等

练功之后在院里小憩

天津市委花园留影

相声界合影：第一排左起：郭荣起、常连安、张寿臣、马三立，第二排左起：常宝华、张庆森、朱相臣、侯宝林、常宝霆、苏文茂，第三排左起：杜三宝、全长宝、白全福、康立本、常宝霖（摄于1953年）

常连安用过的山东快书鸳鸯板

常连安用过的戏法道具——浮子

常连安用过的戏法道具——坛子

本书作者之一 著名相声演员常宝丰

常宝丰和孙子常津鉑一起说相声

常宝丰一家合影（左起常宝丰、常贵春、钱志伟）

名家笑侃相声图

我的父亲

常连安

常宝丰 —— 口述

鲍震培 —— 执笔

天津出版传媒集团

天津人民出版社

图书在版编目(CIP)数据

我的父亲常连安 / 常宝丰口述；鲍震培执笔. --
天津：天津人民出版社, 2018.5
(名家笑侃相声圈)
ISBN 978-7-201-13331-7

Ⅰ.①我… Ⅱ.①常… ②鲍… Ⅲ.①常连安–生平
事迹 Ⅳ.①K825.78

中国版本图书馆 CIP 数据核字(2018)第 076354 号

我的父亲常连安
wodefuqin changlianan

出　　版	天津人民出版社	
出 版 人	黄　沛	
地　　址	天津市和平区西康路 35 号康岳大厦	
邮政编码	300051	
邮购电话	(022)23332469	
网　　址	http://www.tjrmcbs.com	
电子信箱	tjrmcbs@126.com	

责任编辑　张素梅
装帧设计　明轩文化　王　烨

印　　刷	高教社(天津)印务有限公司	
经　　销	新华书店	
开　　本	787 毫米×1092 毫米　1/16	
印　　张	14.75	
插　　页	5	
字　　数	130 千字	
版次印次	2018 年 5 月第 1 版　2018 年 5 月第 1 次印刷	
定　　价	48.00 元	

序

姜 昆

前不久,刚刚为常贵田老师写了一篇小文,通过他回忆父亲常宝堃(艺名"小蘑菇")的书作,进一步感受到"相声世家"在中国相声发展史中的重要作用地位及历史意义。

今天,当我们的相声受到社会上"丧失了文化,丧失文化意识"的指责时,我们应该学会用文化意识来审视相声的历史、前辈、传承这样的过往。

无疑,今年是纪念"常氏相声百年"的重要庆典,常连安先生自1918年"撂地"说相声,继而培养了常宝堃、常宝霖、常宝霆、常宝华、常宝庆、常宝丰及第三代常贵田、常贵德、常贵升等,至今已整整一百周年,其间常连安先生从1938年创建"启明茶社"至今已八十周年,在隆重纪念这个日子之际,由常宝丰口述、鲍震培执笔的《我的父亲常连安》一书出版问世,感慨良多。常氏相声百年的历史,是半部中国相声发展史;家族传承对相声流派和相声艺术发展所起到的积极作用有着重要的、不可低估的作用。

在我国的相声史上,子承父业、孙继祖业者众多,数不胜数,这其中也有不少的名家大腕儿。如:在著名的"相声八德"中,与"万人迷"(即李德钖)并列排名前两名的焦德海,是第三代"天桥八大怪"之一,收有的弟子张寿臣、于俊波、朱阔泉、汤金澄、李寿增等,个个是精英;其子焦少海也是大名鼎鼎,收的徒弟也不乏名家,有赵佩

1

茹、刘奎珍、杨少奎、李润杰等，个个出类拔萃，这对父子为相声艺术的发展做出了贡献。

再如：冯昆志、冯振声父子；郭瑞林、郭荣起父子；刘广文、刘文亨父子……相声行业出身的相声演员数不胜数。

然而，如果提及相声"焦家""郭家""刘家"等，即使是相声从业者也难以想到其所指。倒是"冯家"影响稍大一点儿，东北三省相声研究者称其为"冯家门"相声。但是，与在中华人民共和国成立前即已声名显赫的"老常家"相声相比，"冯家门"也稍逊一筹。

"老常家相声"这一称谓出现在 20 世纪 40 年代，但是，随着时间的推移至 50 年代中期，去掉了"老"字，被称为"常家相声"。因为，这一时期出现了"马家相声"一说。其时，马三立正值盛年，其父马德禄和其兄马桂元精湛的演技仍存留在观众的记忆中，侄子马敬伯小荷才露尖尖角，"马家"可谓人才济济，故有这一称谓。

至 80 年代中后期，侯耀文走进全国观众的视野，并极受欢迎，与其父侯宝林被称为"侯家相声"。至此，相声行业包括广大观众所一点一点感觉到的，以"家"或以"姓氏"为单位的称呼，只有三家，即"常家"，又称"常氏"相声；"马家"，又称"马氏"相声；"侯家"，又称"侯氏"相声。

在"常""马""侯"这三个可称之为"相声大家族"的世家中，既有他们的共性，也就是相同之处，又有其个性，就是各家有着自己的特点。至于哪个世家更优秀，贡献更大一些，根本不具可比性。但是，可以进行系统的研究，研究出的成果就是对三个相声家族的充分认可，非常有利于相声艺术的可持续发展。

在纪念"常氏相声百年"的活动中，该书出版，我认为，既是对常连安先生及常氏家族从艺、成长进行了难得的记述，更可以说是我们相声发展史及理论研究的又一成果。

在相声发展史中，"常家"创造了相声行业的许多"第一"。如：

常连安拜师焦德海，其子常宝堃拜师张寿臣，父子同时有了师承关系，在相声行业史无前例；

常连安创办了第一个专门演出相声的场所"启明茶社"，与天津的连兴书场、声远茶社及济南的"晨光茶社"，均享有"中国相声大本营"之誉；

在相声的历史上以"相声大会"的形式演出，始自1938年，为"常家"所开先河。之后，天津、沈阳、济南、唐山等地相声演出纷纷效仿；

20世纪三四十年代，所表演的相声段子良莠不齐，甚至"荤"的、"臭"的段子在相声市场上占有较大比例。在这种情况下，"启明茶社"是第一个以"茶社"的名义，明确提出了说"文明相声"；

作为"常家"相声的第一代艺人常连安，他还有着"父亲"这一角色，而父亲先后亲自为常宝堃、常宝霖、常宝霆三个儿子捧哏多年，空前绝后；

在中华人民共和国成立前，常连安、常宝堃、常宝霖父子灌制唱片多达20张，接近全国相声演员所灌制唱片数量总和的1/2；仅1940年，常宝堃与常连安、常宝霖等只在一家电台播出的相声就达一百多段，数量之多，无人可及；

尽管相声艺人有拍摄电影者，但年龄最小且最早，还是兄弟共同拍摄的，只有常宝霆、常宝华；

常宝堃是旧时相声艺人中第一个组织专业剧团的，他创建的"兄弟剧团"演出的"笑剧"就是以后出现的相声剧的雏形；

在相声史上，"常家"出现了一位在朝鲜战场上牺牲的烈士——常宝堃，他获得了曲艺界第一位"人民艺术家"的荣誉称号；

新中国成立后，天津市成立了民办公助的曲艺演出团体——天津市曲艺工作团（著名的天津市曲艺团的前身），首任团长是"常家"的掌门人常连安；

相声是我国公布的第一批非物质文化遗产项目，唯一的国家级传承人就是"常家"的常宝霆；

曲艺艺术的最高领导机构是中国曲艺家协会，协会下成立了一些"艺术委员会"，其中的"相声艺术委员会"的第一任会长是"常家"的常贵田……

"常家"创造了相声艺术多方面的许多个"第一"，其中任何一项"第一"都是对相声艺术所做出的贡献。

我读《我的父亲常连安》一书，感慨万千。相信相声业内人士以及广大读者读了该书，也一定会心生敬重、敬仰之情。历史是一面镜子，通过历史回顾，必须对今天有所开益。反省一下眼下的文化状态，我们如何让我们的经济发展与文化发展同步，从前人的步伐中，看到前辈孜孜不倦地对相声艺术不懈的努力和追求。我们还可以思考一下我们今天前行的方向，以正步伐。

"常家"第二代常宝丰先生约我为此书写几句话，作为晚辈，把自己的思索写上，请教诸位贤达，以谢关爱，并对纪念常连安先生从艺一百周年，纪念"启明茶社"建成八十周年活动表示祝贺。

戊戌年春

目　录

引 子

　　1961年12月初,正是孟冬时分,北风呼啸中,海河水面上结了一层薄薄的冰凌,天气骤然寒冷起来。掌灯时分,人们都在家里"猫冬",街面倒有几分萧索之意。

　　然而位于市中心小白楼的天津音乐厅却是人声鼎沸、热闹非凡。音乐厅是一座白色欧式建筑,圆形的穹顶,古典气派的圆柱,显得高大而华美、时尚而雅致,百年来见证社会风云变幻,成为代表天津这座城市风情万种的"地标"。

　　天津音乐厅有着辉煌的历史,建于1922年,原名平安电影院,是我国最早的电影院之一。因为地处天津市中心,经常放映世界一流的好莱坞大片,上座率极高,所以名声大噪。1956年,平安电影院归国有后,进行了简单的改造,扩大了舞台面积,并于当年更名为"天津音乐厅"。在这里经常举办重要的文艺演出和盛大集会,那么今天这里举行什么样的活动呢?

　　偌大的剧场内,上千个座位座无虚席,人们不时发出一阵阵会心的欢笑,掌声和赞叹声此起彼伏。

　　几个节目演出过后,台上出现了老少三个演员。他们说的是一段新相声,担任逗哏的是一个十三四岁的小演员,他穿了一件象牙白的大褂儿,眼神清纯,顽皮可爱,虽然童音稚嫩,却出口成章,身手不凡。负责捧哏的是一位六十岁开外的长者,只见他穿了一件玄青色的大褂儿,虽然年逾花甲,然而中气饱满,声音洪亮,精神矍铄,双目炯炯有神,使起活来从容不迫,如一枚定海神针,掌握着场上的节奏。旁边还有一个"腻缝儿"的年轻演员,身穿靠儿蓝色的长衫,年纪不过二十来岁,高挑的身材,略显单薄,却是言辞犀利,左右逢源。这三个人一走上台,引发台下观众一阵骚动,掌声大多为长者而来。一段垫话过后,三个人使起活来幽默风趣,"包袱儿"抖得干净利落,刚刚几分钟工夫,便获得了两三个"满堂彩"。

这段相声采取对对子的方式,鞭挞旧社会的黑暗腐朽,歌颂新社会的美好生活。到了"活"的最后,老人稍微俯下身,搂了一下身旁的少年说:"你是我的好儿子。"继而转过身来,对青年说:"你是我的好孙子。"这是"底",对得巧,使得妙,霎时大厅里温暖如春,掌声雷动。

这个段子的名字就叫《老少对》。要问台上这三位演员是谁?逗哏的小演员是我,捧哏的是我的父亲常连安,青年是我的侄儿,我二哥的儿子常贵昇。

这是天津市文化局和天津市曲艺杂技团为我们常家专门组织的"常氏相声专场",从12月9日至11日,祖孙三代演出了丰富多彩的相声节目。我的二哥常宝霖偕伙伴全常保从兰州来津演出了《戏魔》《洋药方》《报菜名》,四哥常宝华和大侄子常贵田从海政文工团赶来参加演出,四哥和他的搭档李洪基合演了《昨天》《水兵破迷信》《买卖话》,又为侄儿常贵田捧了《黄鹤楼》《一封信》等,我和赵佩茹合演了《五红图》,和朱相臣合说了《报菜名》。"攒底"由我三哥、天津曲艺团演员常宝霆和他的黄金搭档白全福合演《不同的风格》《百花盛开》和《梦中婚》。我父亲老当益壮,除在中场演出单口相声《当行论》《空城计》《黄半仙》外,还和我、我五哥宝庆以及贵田、贵昇等侄儿们合演了新编群口相声《老少对》。就连我的五姐常宝珊,当时在济南军区前卫文工团担任舞蹈演员,这次也特地回来参加演出,当了报幕员。一连演出四场,场场座无虚席。不但天津的媒体做了报道,就是新华社也为该专场发了消息,《人民日报》称"常氏"为"相声世家",并刊登了多幅演出剧照。

"常氏相声专场"演出结束后,市委、市政府和文化局的有关领导亲切地接见了我父亲及全体参加演出的演员,并一起合影留念。父亲饱经沧桑的脸上露出了笑容。

第二天中午,我们全家人在和平区蒙古路92号我父母的家里举行家庭聚会,儿女、小辈们纷纷向父亲母亲敬酒,父亲说:"你们都知道,在旧社会我是滴酒不沾的,如今时代不同了,党和政府这么关心我们,特地为咱们家举办专场,把你们从天南地北都招回来,喝杯喜酒也是应该的。"但话锋一转,父亲又意味深长地说:"孩子们,今天我们在这里吃团圆饭,可不能忘了当年受的欺凌和饥寒啊。要不是共产党领导得好,哪有我常连安的今天,哪来你们的好日子?哪来今天咱家的荣誉?"于是,父亲用凝重的语气,又讲起了他那些辛酸的往事。

第一章 行路难

一、生在皇城根下

我父亲出生于北京，满族，是大清国皇城根下正白旗人的后代，论出身血统那是特别的"根红苗正"。

为什么这么说呢？因为正白旗是满族八旗的上三旗之一。哪上三旗？正黄、镶黄和正白三旗。其他五旗是正红、镶白、镶红、正蓝和镶蓝，这个次序的尊卑等级是有讲究的。上三旗中两黄旗的旗主是皇太极，至尊地位可想而知。正白旗由努尔哈赤初定，以旗色纯白而得名，所谓旗就是所擎之旗帜。八旗的旗帜都是大龙旗，正白旗龙首向右，龙腹内有五朵祥云。

话说顺治前，上三旗中并无正白旗而有正蓝旗，因为正白旗主多尔衮病死之后，顺治皇帝将多尔衮掌握的正白旗收归自己名下，与两黄旗并称为上三旗，打这以后就成了定制。

正白旗是皇帝亲统之一，旗内无王，兵为皇帝亲兵，并从中挑选侍卫皇室的成员。这么说来，我爷爷无疑属于皇室御用军的亲兵，只是守兵的军饷比起骑兵、战兵要低了许多。

再说说我们家的姓，"常"是一个汉姓，为什么旗人要姓汉姓？满族的姓氏多与东北的家乡郡望有关，字数也比较多，清代中叶以后常驻北京的满人改汉姓蔚然成风，但仍保留自己满族的姓氏，叫作"老姓"。如有姓"关"的，像北京琴书创始人关学曾老先生，他家的老姓是瓜尔佳氏。而皇族爱新觉罗的对应汉姓是"赵",不知是推崇宋代开国皇帝赵匡胤还是三国大将赵子龙。

满族人姓常的很多,像唱单弦的常澍田应该也是我们的本家。我查了一下《满族老姓与汉姓对照表》,改成汉姓"常"的满族老姓有常佳氏、瓜尔佳氏等,具体是哪一个,还需要根据迁徙史、祖居地、现居地、家谱家族排字以及家族传说来认定。

我父亲说他是满族五栅栏的人,但这个五栅栏在哪?时代太久远了难以查找。姑且就算是那个郡望在辽东半岛的常佳氏吧。

另一个说法是,满族有一个奇特的风俗叫"辈辈改姓",下一辈以上一辈的名字为姓,我父亲自述中说他的老姓是姓"赵",按照辈辈改姓的规矩,也许原先祖上曾经姓"赵",到我爷爷这辈改姓"常"了。

我父亲生于1899年农历七月十七日,他出生的前一年是1898年,那年夏秋之交,刚好北京城里发生了"戊戌变法",从康有为带人发起"公车上书"到老佛爷戊戌政变,变法失败,整整103天,也叫"百日维新",谭嗣同等六君子被砍了头。我爷爷是在皇城当值的侍卫亲兵,他亲眼得见维新党人菜市口血流成河的惨烈下场,听说支持变法的珍妃娘娘被人绑了石块沉入了紫禁城的深井。

唉,大清国力日衰,各国列强瓜分中国,东北被俄国侵占,山东河北闹教案,到处闹小刀会、大刀会、义和拳,世道不太平,人心惶惶,偏偏我父亲在这时候出生,何时才能过上安生的日子?爷爷崇康给父亲起名叫"安",常安,盼望常常平安。

父亲1岁时,逢庚子国难,八国联军攻入北京,烧杀抢掠无恶不作,慈禧太后带着光绪皇帝仓皇出逃,搁在过去就是亡国了。但帝国主义列强要的是雪花银和通商口岸,逼迫清政府与之签订不平等条约,割地赔款,这一来,中国人民的生活更加艰难了。

父亲是家里的独苗,在我爷爷、我太太(满族人称呼奶奶为太太)的呵护和疼爱下长到6岁。因为清廷入不敷出,旗人的皇饷减半,家境每况愈下。辛丑八国联军事件之后,生计更为艰难。1906年,父亲到了读书的年龄,爷爷拿回来微薄的兵饷,太太省吃俭用凑够了一点儿学费,送父亲到一家私塾去读书。

父亲自小聪明伶俐,像《三字经》《百家姓》《千字文》这些启蒙的读物,一读就会,写字也很漂亮,回到家里,把本子给爷爷、太太看,自然受到一番夸奖。

在私塾里跟教书先生学什么?怎么学?在我父亲的单口相声《小孩念书》里有一段发生在学堂里的啼笑皆非的对话:

……我现在说我们那个老师姓什么,姓赵,有外号叫阎王赵,您就知道他厉害不厉害了。40多岁留着黑胡子,他老不乐啊,小孩见他就害怕。那阵儿念书跟现在不一样,有《蒙经》《三字经》《百家姓》《千字文》,《百家姓》共和才三四篇儿,半篇儿我俩月都没有念会,我这心里老害怕,我8岁。还一个学伴呢!比我大一岁,9岁。这小孩也不是糊涂也很聪明的,百家姓赵钱孙李、周吴郑王、冯陈褚卫、蒋沈韩杨四句,四句他那一个月也没会。他见老师就害怕呀,你告诉这小孩,头天上学啊,这制度他不懂,这也有秩序、制度,他不懂,他坐在这儿。这板子等你打人再拿出来啊,他老在这摆着,这小孩受得了受不了。他把这《百家姓》打开了:"过来,过来念书。"小孩不知道啊,站在这儿,那阵也不懂什么叫看这书,那小孩头天来呀。"过来念。"

6

"唉,好,过来念。"

"念赵、钱、孙、李。"

"嗯,好,念赵、钱、孙、李。"

"念赵、钱、孙、李干什么呀,就念赵、钱、孙、李。"

"好,是,就念赵、钱、孙、李。"

"你什么耳朵? 没听见哪? 光念赵、钱、孙、李。"

"是呀,你着什么急啊!"光念赵、钱、孙、李。"

"不是,你怎么个意思,嗯? 你怎么跟我学啊!"

"我妈说了,学钱给你了,让我跟你学。"

"你这孩子调皮怎么着啊,你没看见这四个字吗?"把手伸出来,拿手指着这,"赵、钱、孙、李。"

"哦,那我就知道了,这字啊,赵、钱、孙、李。"

"这不结了嘛!念下句。"

"下句你还没教呢!"

"周、吴、郑、王啊。"

"啊,周、吴、郑、王。"

"会了没有?

"会了。"

"自己念,自己念。"

"我忘了。"

"我这不刚教的嘛。"

"是呀,我这不刚忘嘛。"

"你凑合什么凑合,念赵、钱、孙、李,太笨了,赵、钱、孙、李,多念,念二十多遍。"

"赵、钱、孙、李,赵、钱、孙、李,赵、钱、孙、李……"

"会了没有？"

"会了。

"行，念下一句儿。"

"下一句儿不是忘了嘛。"

"周、吴、郑、王啊!"

"唉，周、吴、郑、王。"

"多念,念三十多遍。"

"周、吴、郑、王,周、吴、郑、王,周、吴、郑、王……"

"会了没有？"

"嗯，会了。"

"一块儿念。"

"一块儿念……我都忘了。"

"你成心的是吧你？教了上句忘下句,教了下句忘上句,这有什么呀？你忘头一字,你就想我。"

"对呀,一忘了我就想你。"

"想我干吗呀？"

"你好揍我。"

"我多咱儿揍你了？我不姓赵嘛？赵先生不是我嘛？第二个字:钱,你来这念书不得要学钱嘛？"

其实百家姓没有讲,为了给他解释解释吧,让他用脑筋:

"要钱的钱。第三字那孙,是装孙子那个孙,李就是那个不讲理的'李',周是瞎胡诌那个'周',吴是无来由的'吴',郑嘛就是不正经的那个'郑',王是骂人的话:'你瞧这老王八。'老王八的那个'王',会了没有？"

"老师我会了。"

"念给我听。"

"念我不会,我会讲。"

老师挺高兴,"可以啊,讲给我听。"讲书呢,应当从上往下讲,可把这小孩吓坏了,这个小孩糊涂,他从下往上讲,那阵讲书还晃悠呢:

"老王八不正经,无来由瞎胡诌,不讲理装孙子,要学钱赵先生。"

二、幼年丧父

1906年秋天,父亲7岁那年,爷爷由于长年的劳累和生活的重压,得了重病,一病不起。一天下午父亲放学回家,见家门口围着许多人,太太一把抱住他失声痛哭起来:

"儿子,我可怜的儿子。安他爹,你个狠心的,你走了不要紧,撇下我们孤儿寡母可怎么活呀!"

"爹爹呢,我要爹爹,我不能没有爹爹。呜呜呜……"父亲看着空落落的床铺,也大声哭起来。

爷爷走后,父亲无心上学,经常在上课的时候走神。他的脑子里想的全是他母亲要改嫁这件事。

失去了依靠的太太给人缝穷、洗衣服,忙得没日没夜,累得形容憔悴。一天邻居白大妈来家说:

"她常婶儿,你这么年纪轻轻的守寡不是个事,我看还是再走一步吧?"

太太把头低下去。"好女不嫁二夫,我有常安呢,说出去不好听。"

"为了常安,你也得找个好人家,他念书要花钱,要不你上哪给他弄学费呢?"

"可是……难哪。"太太停下手里的活,满脸愁容。

父亲小小年纪不懂得什么叫"走一步",什么叫"二夫",可是有一天看见有个男的来找太太,他打心眼里感到不自在。

正想着,头上挨了一记猛敲,赵先生厉声呵斥:"你不好好念书想什么呢?"

"常安要去当拖油瓶了!"同学们嗤嗤笑,小声议论。

父亲感到很难堪,他不想待在这个家里做拖油瓶。什么叫"拖油瓶"呢? 这是旧社会的一句俗语,是说妇女改嫁,前夫所生的子女被带到后夫家去的,俗称"拖油瓶"。其实这是以讹传讹,正确的说法应该是"拖有病"而不是"拖油瓶"。古时候寡妇再嫁,后夫娶寡妇做妻子的,家境一般都不太好。旧社会天灾人祸频繁,一旦寡妇带来的子女有什么三长两短,往往引起前夫亲属的责难。后夫为避免这类纠葛,娶寡妇做妻子时,就要请人写一字据,言明前夫子女来时就有病,今后如有不测与后夫无关。因而人们就把再嫁妇女的子女称为"拖有病"。由于"拖有病"与"拖油瓶"字音相近,就被人说成了"拖油瓶"。其实这就是旧社会歧视妇女的一种老观念,放在现在都不叫事。但那时在父亲看来是一种羞耻,他的心里过不去这个坎儿。

生活还是要继续,太太最终还是改嫁了。父亲的"嫁父"(继父之意)是一个老实厚道的人,充当巡警,虽然一个月薪金只有 6 元钱,但他愿意负担父亲的学费。父亲见太太每日起早贪黑地操劳,节衣缩食为他攒学费,非常不落忍地说:"妈妈,我不念书了,省下钱来给家里用吧。"

太太当然不同意,他只好继续去私塾念书。

这年正月十五,京城处处张灯结彩,大闹元宵,父亲和几个小伙伴到天桥看红火,正是"酒旗戏鼓天桥市,多少游人不忆家",那天也不知道有多少江湖艺人在天桥"撂地",表演什样杂耍。武的看了些拉弓、举刀、爬竿、抖空竹、油锤灌顶的硬气功,文的听了老、少云里飞的滑稽二黄,还有穷不怕和他徒弟贫有本的相声。

小云里飞是"八大怪"中名气最大的。他原是京戏班里的武丑,10岁开始登台。八国联军攻陷北京,慈禧太后在逃往西安时带走了一批艺人,其中就有他。慈禧死后,戏班解散,他才来到天桥撂地。他在空中连翻两个筋斗的绝技在天桥名震一时。小云里飞的表演特点是在京戏中夹杂着相声。他镶着一颗金牙,嗓音圆润,表演滑稽。表演时不但能在空中连翻两个筋斗,还能头点地,连翻40个筋斗。他在要钱时有两个绝活儿,一是舌头伸出来,能贴在鼻梁骨上;一是把耳轮塞进耳朵眼里,要完了钱,耳轮再弹出来。

父亲正笑得快岔气,突然人们都往一处跑去,人声沸腾起来:"耍中幡的来啦!快去看呀!"顿时里三层外三层围得水泄不通,父亲仗着人小从人缝挤进去一看,原来是耍中幡的。

中幡由一根又粗又长的竹竿制成,有三丈来高。竿顶有一把红罗伞,伞下挂着一面绣字的标旗,上面写着"天桥绝活中幡"。表演的艺人将竿子竖起托在手中,舞出许多花样,一会儿将幡竿竖于一个肘弯处,用力将幡竿颠起,用另一个肘弯接住;一会儿用后脖窝、脑门接住;或者用单手托住竿底,反腕将幡竿移到背后,再将竿抛到前边,然后用肘弯或者肩膀头将竿接住。众人一阵欢呼。

轮到吴三上场了,他大喝一声,将竿子高高抛起,用下边的牙齿接住幡竿底部一个边,很重的中幡纹丝不动,保持直立的姿态。

众人屏住呼吸，看呆了，随即一片喝彩。

天桥艺人的高超技艺深深吸引了父亲，在他 7 岁之前还算"幸福"的记忆中，天桥无疑是一个散发着温暖和光亮的地方。

有一天"嫁父"领来一个人，一进门让父亲叫他叔叔，父亲一见这人非常面熟，这不是要中幡的吴三吗？就高兴地叫了一声"叔叔"。没想到这个誉满天桥的中幡艺人竟然是自己的亲叔叔，父亲和叔叔相谈甚欢，渐渐说出了自己想学唱戏的心思。

三、"写给"和"打戏"

为什么父亲单单想学戏而不是其他的手艺呢？一是和他是满族人有关，八旗子弟大多喜爱文艺，天生有文艺细胞，加之耳濡目染，学艺是平常事。二是在父亲的幼年，京剧正进入鼎盛期，非常火，那会儿学戏就跟现在唱流行歌曲一样，是时尚。三是最重要的原因，就是学戏不用给师父钱，立个字据就成，一旦成了角儿还能挣钱。

后来经过多方托人寻觅，把父亲"写给"了一个叫朱玉龙的人，做他的手把徒弟。所谓"写给"就是立下了字据，手把徒弟是指戏曲艺人个人在家收的徒弟。手把徒弟的来源多为梨园世家子弟，偶有贫苦孩子卖入。拜师时要写"关书大发"，也就是签学徒契约。契约的主要内容为学艺年限（京剧为 6 年），师徒职责，徒弟须遵守的条款，以及学徒期满后无偿为师父演戏的时间，通常是一至两年……签订学徒契约之后如同卖身于师父家。

签订学徒契约"关书"称为"写字"，有"穷写字"与"富写字"之分。据京剧大师张君秋说：所谓"穷写字"，就是家里不仅没有学戏的钱，连孩子也养活不起，就把孩子全"写"给人家了。孩子住在师父家，吃穿用度师父全包，一边跟着师父学戏，一边给师父家干杂活,打骂都在师父,家长不得干涉。所谓"富写字",就是学生只到师父家去学戏,吃、穿、住都由自家料理,所以"富写字"的孩子可以少受点委屈。"穷写字"的孩子进了师父的门,吃的是残羹剩饭,穿得衣不蔽体,个个面黄肌瘦,生了病也得不到医治,挨打受骂是常事,要是学不好,还被说成是白吃饭的。

父亲的"关书"大致如此:

> 今有常安(师赐艺名小鑫奎)情愿拜于朱玉龙门下,受业学演京戏。6 年期满,谢师效力 1 年。课艺期间,收入归师,吃穿由师供给。死路生理,天灾人祸,车轧马踏,投河觅井,悬梁自尽,各听天命,与师无涉。中途辍学,赔偿×年膳费。自后虽分师徒,谊同父子,对于师门,当知恭敬。身受训诲,没齿难忘。情出本心,绝无反悔。空口无凭,谨据此字,以昭郑重。

下面是艺徒签字画押,引、保、代师签字画押,×年×月×日立。同样幼年做过手把徒弟学京剧的侯宝林也签过这样的拜师帖,如同卖身契一般,侯宝林说:"不就是学戏吗,干嘛写得这么厉害呀!因为那时候学戏叫'打戏',假如你禁不起'打',就有可能寻死,所以要写明这样的话。"

这哪里是送孩子传承艺术?等着父亲的分明是一道道鬼门关。后来我父亲谈到这六年不堪回首的岁月时,总是把这个狠心黑心的师父称为"朱某"。

父亲的学戏生涯是从"打戏"开始的。"打戏"是每个梨园艺人刻骨铭心的痛苦回忆。

那时候中国的老师都有一套延续了千百年的理论:不打不成

材。"戏是苦虫，不打不成。"手把徒弟比科班弟子挨的打、遭的罪更多，不光学戏要打，伺候师父师娘、给师父家干活稍有差错也要挨打。我父亲清早四五点钟起来要到外边喊嗓，回来给师父师娘倒尿盆、扫地、生火、烧水，伺候完大的伺候小的，抱孩子、洗衣服、晾被子、抬煤、劈柴……一边干着活，还要一边看师父的脸色，赶上他高兴，干完了能学点，要是他不高兴，找个碴儿骂你笨蛋，劈头盖脸就是一顿毒打。

除了挨打还要挨饿，因为人家吃饭时你还要练功，等练功完了就只有剩饭剩汤了。冬天吃煮白菜帮子，夏天吃酸馊饭。由于缺少油水，饿得前心贴后心，肚子咕咕叫的时候就盼着天黑睡觉，睡着了就不饿了。

父亲在《自述》中说："早年间叫打戏，真是每天生活不如牛马，侍候人是小事，一天必须挨两次打，两大腿部和膀子胳膊部被打得红肿黑紫。一年到头总是遍体伤痕，永不下去。不准哭，打算半途不学不成，有立字为证，打死无论，如有投河觅井两家各由天命，如本人家长半途不学，按字据上定的每天讨饭钱若干。本人只可忍受百般虐待，每天要走两次热堂，到年终才放三天假回家过年。"

父亲在朱家备受煎熬，真是度日如年。好容易盼到了年三十，父亲回家过年。太太问父亲："儿啊，你在师父家过得好吗？"

父亲违心地回答说："好。"

太太又问："挨打了没有？"

父亲撒谎说："没有。"

晚上父亲睡觉时和衣而卧。

太太说："常安，你衣服破了，快脱下来我给你缝一下。"

父亲一只手在被子里脱衣服，一只手攥着被子边角不撒手，捂得死死的,不想让母亲看到他身上的伤。在他脱完衣服往外扔的当口,太太抓住他的一只胳膊,父亲疼得"哎哟"一声,太太掀开被子一瞧,父亲两只胳膊上青一块紫一块的全是伤,后背、腰、屁股和大腿上也是伤痕累累,一条条红檩子肿得老高。

"把我儿打成这样,他、他们也太狠了呀!"

太太抱着父亲大哭,这时父亲再也忍不住,"哇"的一声哭出声来。如果父亲当时的年龄再大一点儿,他还可以装成满不在乎的样子继续编他挨打不疼的谎言,但是他只是个 9 岁的孩子啊。在人间地狱般的朱家,受尽了打骂和折磨,他从没有哭过。在魔鬼一样的朱某面前,他以为他快变成冷冰冰的石头了,眼泪在心里流干了。是妈妈的疼爱开启了他被孤独恐惧痛苦关闭了一年的心门,他伏在我太太的怀里痛痛快快地大哭了一场。

四、海参崴受挫

1909 年过年以后,朱某找了几个唱戏的,临时搭了一个戏班,到东北唱戏捞钱。他为什么不在北京唱戏而要去东北唱呢?

那时京剧在东北火呀:自从乾隆年间四大徽班进京,到了同治光绪年间发展迅猛,北京名角云集。那时关外虽然有莲花落,但还属于小戏,什么评剧、二人转那时都还没有成气候,于是奉天、吉林、海参崴、营口、哈尔滨等地都来北京邀角,像谭鑫培、言菊朋、盖叫天等都在东北唱过戏。京剧在东北的流行和传播,造成了京剧伶人"闯关东"的局面。关外人对京剧的热衷不亚于关内,甚至连第一个京剧科班也起源于东北,后面我们要说到的京剧富连成科班创始人牛子厚就是吉林人,吉林因为这个人被称为"京剧第二故乡"。

15

再来说说父亲登台的第一块地——海参崴。海参崴,习惯上称"崴子",地处吉林省东北端绥芬河口海湾东岸,古为满族先民肃慎及其后裔的居住地,1860年第二次鸦片战争期间被沙俄抢占,改名"符拉迪沃斯托克",意为"控制东方"。

海参崴自划属俄界后,逐渐变成一个东方开放口岸。咸丰界约"永许吾民久居",主要的居民依然是华人,华人居住区街市繁盛,人口稠密,民风习俗一如既往。20世纪初,东省铁路与西伯利亚大铁路全线通车后,海参崴畸形繁荣,商旅云集,百业复兴,跑"崴子"的华人越来越多。

这些人来自关内各地,尤以山东人最多,俱聚居于华人大院,形成一支庞大而层次复杂的戏曲观众队伍。这些人职业不同,文化素养各异。但是,他们迁居异域,却不愿光顾俄人影院,常聚于院落,自拉自唱,聆乡音以解乡愁,对故乡之音——戏曲有着共同的感情。

"崴子"1900年便有了演出场所。第一座剧场名曰松竹舞台(俗称北园子),是由一位山东黄县老客王日南投资修建的。王日南在修筑西伯利亚大铁路中当华工,干了将近十年,用挣到的钱在崴子修建了这座剧场。可惜被一场大火焚毁了,日后由他弟弟王日林重新修建起来。后来陆续有了四大戏园,最有名的是南园子(福仙舞台)和北园子。

凡到海参崴演出的艺人、班社,无论何种流派、何种形式,无论是一代名伶还是后起之秀,他们都能兼容并包,热心捧场。1902年,梆子演员鲜灵芝首赴海参崴演出成功,从此打通了梨园界的丝绸之路,此后,诸多伶人车马相随,不辞千里到此演出,如高庆奎、周信芳、高百岁、马德成、杨四立、李多奎、小麒麟、唐韵笙、赵松樵等,都先后来到这里唱过戏。

1932年，梆子旦角筱明月仙来"崴子"演出《卖子哭街》时，每唱到公婆死于店中、忍痛卖子、沿街乞讨处，观众皆声泪俱下，纷纷把金卢布、戒指、手镯等首饰扔到场上。"崴子"从不缺眼界宽、见识广、口味高、鉴赏力强的观众，特别是山东来的"掖县帮""黄县帮"，素以懂戏、能戏、酷尝京剧驰名，每看完名伶打炮戏，常聚于私宅，品评褒贬，达旦则已。

是时，艺人们传说："没有几出拿手戏，不敢搭班跑崴子。""崴子生意好做，戏难唱。""崴子"的观众，是在特殊条件下形成又具特殊感情背景的，他们既热情又冷静，既是戏迷又是鉴定演员高下、优劣的仲裁。

于是，海参崴这个名字，在艺人的眼里，犹如今人之于香港。取得海参崴观众的承认，对其他码头就有了把握。凡在"崴子"唱红的艺人和班社，便可以坦然登上客轮，取道海路，直达上海滩。所以，就一个地域对戏曲活动的影响而言，"崴子"不亚于当时的天津、烟台、上海。

父亲跟着戏班的第一次唱戏就是在这个地方。初到此地，尽管一路颠簸非常辛苦，但是这个遥远的海滨城市令伶人们感到新鲜，他们走在大街上，对蓝眼睛黄头发的俄国人有几分惊奇，也有几分恐惧。

父亲想起了在茫茫大海上打发无聊的旅途时光时，一个之前来过"崴子"的伶人给大伙讲的一个故事"要不要盐"：俄国老毛子普遍瞧不起中国人，他们见到中国人，总会问你："要不要盐？"这是一个莫名其妙的发问，然而只要明白这个典故，就知道这是俄国人对中国人的极端侮辱。据说，从前客居在西伯利亚的一个华侨的先

海参崴华侨

人死了，他决定把他先人的尸体运回家乡安葬，而俄国只有薄皮棺材，他怕时间太久尸体会毁坏，便用盐把尸体像腌肉一样腌好，再行运回。不管这个故事的真实性如何，但是"要不要盐"便成了俄国人嘲笑、侮辱中国人的一句话。本来是中国的地方，现在归人家了，华侨在人家的地面上只好忍气吞声。

戏班到新台口，头三天照例要唱"打炮戏"。旧时戏班到一个新的台口演出，俗称为"换码头"，要像商家开业一样，向顾客亮亮家底，抖出自己的特色货物。"打炮戏"就是戏班每到一个新台口第一场露演的戏。从古至今，各戏班都非常重视打炮戏的演出，因为头一场戏演好了，这个班子和演员就能在这里立住脚，打炮戏唱砸了，演员身价大减，戏班威信扫地。

父亲的师父朱某搭的是个草台班，临时邀来的几个艺人都没什么名气，朱某捞钱心切，连生、旦、净、末、丑的行当都没凑全，也没有事先排练就匆忙上阵。演出的戏园子叫永仙茶园，父亲演花脸，那时仅仅10岁，他的嗓音条件本是极好的，但是东北气候极度严寒，一路上挨饿受冻，下船以后，根本没有好好休息，扎裹停当便粉墨登场了。

俗话说：台上十分钟，台下十年功。我父亲才学了不到一年，而且大部分时间都在师父家干活，并没学会多少技艺。首次登台，难

18

为父亲这小小童伶能把戏唱下来就不错了，有多高的艺术根本谈不上。班里的其他人有的还不如父亲，有上场走错边的，有忘了词唱水词的，有冒戏（唱错了戏）的，更绝的是，有一场戏缺一个扮"丫环"的花旦，朱某临时决定让一个唱老生的去"救场"。他穿上彩衣，刚想问问是什么词，锣鼓已经催了，朱某把他从上场门推到台上，他不知道剧情也不知道说什么，胡乱跑了个圆场又从下场门出去了。台下一阵哄笑，台上乱，台下更乱。

头一天打炮戏唱成这样，哪能"压轴"呢！转天戏园子老板就把戏码往前挪了，当然也别想挣更多银子。朱某是个钻钱眼儿溜钱边儿的财迷精，他一看打炮戏演砸了，每日众人吃饭住店的开销还挺大，就想溜之大吉，他对大家撒谎说："我家里出了点急事，办完马上回来。"班里的师父们不知道他的心思，信以为真，有的让他买髯口，有的要他捎刀枪架子、靴子，有的让他买武场要用的家伙什儿，哪知这个做人无底线的朱某一去不复返。师父们知道受了骗，可也没办法，只好一边咒骂朱某一边改投别的班社。只有父亲暗暗高兴，以为自己从此获得自由，再也不用挨打了。

五、才出狼窝，又入虎口

就在幼稚的父亲暗自庆幸时，丁某的出现打破了他的幻想。

父亲找到了一个唱完戏要返乡的戏班，想和他们一起回北京。这时丁某闯进小旅社，一把拉住我父亲，劈头就说："你是叫小……小……小鑫奎吗？你师父把你转、转给我做徒弟了。这……这是他立的字据。"这人说话有点结巴，他挥动着手里的一张纸，像是捕获了猎物一样，那表情分明在说，你逃不出我的手掌心。

父亲拿过那张纸一看，上面写着："由于本人戏班在海参崴经营不善,将戏班解散,伶人各谋出路。唯手把徒弟小鑫奎学戏一年,尚未出师,转给丁俊亭为师继续学徒,期限顺延5年,新师当奉60元为转徒费。"后面还是"投河觅井,打死勿论"那一套词,这……这不是拿我当个奴隶给倒手卖了吗?人身自由得而复失,气得父亲登时说不出话,泪水无声滴落在新"卖身契"上。

我父亲第二个师父丁某,瘦高个,脸庞浮肿肤色发暗,头发早早谢顶了。师娘又矮又胖,却捯饬得花枝招展的。两口子都抽大烟,每天睡到中午才起床,而我父亲天不亮就得起来到戏园子吊嗓、练功、排戏,中午回来给师父师娘端屎倒尿,劈劈柴,往楼上抱煤、砸煤。

下午和晚上应付两场演出,父亲那时由花脸转为唱娃娃生。何谓娃娃生,京剧老生有须生、武生、小生等,娃娃生是专门扮演儿童一类角色的,例如《三娘教子》中的薛倚哥,《汾河湾》中的薛丁山,《桑园寄子》中的邓元、邓方,《锁麟囊》中的卢天麟等,就都是娃娃生。

娃娃生头上戴着孩儿发,身上穿着茶衣(小孩穿的服装)。这种角色都是用本嗓唱念的,虽然很年轻,但也不用小生的唱法来唱。娃娃生虽然用本嗓来唱,可是又不能唱成老生腔,所以娃娃生的唱腔是混合了生、旦和小生的唱腔,这是很特别的。演起来要有天真烂漫的儿童稚气。

娃娃生在剧团里一般是比较难找的,因为如果年龄太小就不可能参加剧团,如果太大呢,扮演娃娃生的角色又不太合适。当时海参崴的戏园里能演娃娃生的童伶很少,所以只要有小孩戏就都由我父亲来演,可以说我父亲就是丁某的摇钱树,没少给他挣钱。

只是苦了我父亲,一个小孩能有多大能力,每天累得睁不开眼。散戏回来的路上有时困得东倒西歪地要摔倒,师兄弟们就把他弄醒,告诉他说千万不能倒在地上睡觉,因为东北太冷了,睡在外面一准会被冻死。

就这样回去后还要给师父背词，人家过足了烟瘾，倚在躺椅上，眯着三角眼，逼着我父亲背词，他教你一遍，你就得背熟了，不然就是白藤杆一顿狠抽。你困得实在不行打个哈欠，马上就是一顿拳打脚踢。学戏受夹磨就是这样，即使是你词背得熟了，台上演好了也要挨打，师父会说：打你是为了让你记住了，下次就这么背、这样演。天天不到夜里两三点，他绝不会放我父亲去睡觉。

每到夜深人静，父亲抚摸着遍体伤痕，都会想起我太太，想起千里之外的家乡。他想写信给家里，告诉这里发生的一切，但是又怕母亲知道以后家里也没有办法，白白增加许多担忧。思来想去并无一计可施，真想大哭一场，又恐师父师娘听见，只得辛酸泪往肚子里咽。

父亲在这座人间活地狱中受尽欺凌和虐待，苦熬岁月达三年之久，守在海外异乡，家中音信不通，每日思念故土、盼望生身之母，肠如刀搅一般。父亲把一腔乡愁和个人所历的苦难都融化在唱戏当中，每每演到历尽苦难母子重逢，做戏逼真感人，舞台上流的泪一串串，分不清是为角色流的，还是为他自己而流。

那个人面兽心的朱某回到北京后，算是小小发了财，到我父亲家来，跟我太太说了一通我父亲在外边很好，因怕晕船不想回来之类的谎言。但是半年以后，父亲家人发现被他骗了，太太急哭了，抓住朱某大喊道："你还我儿子！"家里找当初的介绍人和朱某打官司，朱某就用一套骗人的鬼话，什么马上就要动身了，月底准去海参崴啦，一直拖了五年之久。

我太太想儿子是最难过的，夏天的时候想出门坐船到海参崴找儿子，冬天的时候想儿子，怕我父亲受冻做了皮袄想千里送寒衣,她一个家庭妇女从来没出过远门,又不知道上哪儿找去,远隔三四千里之遥,交通又不便,而且寄的信因为没有准地点都被退了回来,太太急得终日啼哭,见不到儿子,想死的心都有了。

幸好有善良的嫁父每日百般相劝,让她放心,儿子早晚会回来的,她心里才好过一点儿。当初父亲离家时,也是嫁父送父亲到天津码头的,临上船把手里一大兜水果、点心放到父亲怀里,让父亲在路上吃。嫁父原先挣得很少,后来由友人介绍在东交民巷伺候外国人,因嫁父吃苦耐劳、做事诚实,每月薪金增到 30 元,家里的生活也有所好转。这一切都是后来父亲从家信里才得知的。

父亲跟着姓丁的到处演出,有时也离开海参崴,到伯力、双城子、晖春、延吉、敦化、延边等地演出,可以说父亲的足迹踏遍了白山黑水。他后来又学了老生,艺术已经有了一些长进,很是挣了一些钱,但是那些钱都归姓丁的,他一文钱也看不到。

一天早晨,父亲正在练功,一位因一起唱戏结识的董老板去珲春办事回来,瞅着周围没人,偷偷塞给我父亲一样东西。父亲一口气跑到海边无人的沙滩上,打开一看,喜出望外,原来是一封来自北京的家信! 他以为是在做梦,忙掐一把自己的胳膊,读信的时候手一直在颤抖着。

他赶紧按照信纸上的地址寄了一封回信,家里收到回信,我太太得知儿子的消息,也是喜极而泣。从此,母子虽天各一方,但有鸿雁传书,两下思念始有所归。但父亲在他 13 岁的时候又出事了。

六、两次大难不死

父亲的第二个师父丁某年轻时得了鼠疮,其实就是一种淋巴结核病,在那时是不治之症,患者颈部反复溃烂,流出豆腐渣样的脓水,散发出难闻的恶臭。父亲每天伺候他,给他烫疮、上药、换药。为了治病,丁某夫妻到处求偏方,什么海蜇头炖荸荠、白萝卜拌紫菜橘子皮等,吃法千奇百怪。有个偏方最绝,用大葱5根,蜥蜴8只,剁成馅,加香油、盐,包成饺子,煮熟吃下。说是吃一两次即愈。但吃饺子时不能告知病人是蜥蜴做的,否则会因心理作用引起反胃。吃后无任何疗效,丁某的鼠疮还是一年比一年重。

1912年,就是我父亲13岁那年,第二个师父丁某在珲春病故。丁某死后不久,师娘嫁给了戏班里一个叫侯炳文的鼓师。师娘只管问我父亲他们要钱,不再管我父亲的生活。父亲和几个师兄弟如同出笼的小鸟,到处跑着玩耍。

这年秋季的一天,松花江上风景宜人,江水波光粼粼,江岸两畔层林尽染,落霞熔金。父亲和师兄弟们乘坐木排,沿江游玩。父亲望着远处的渔船,想起了一出戏《打渔杀家》,里面的肖恩路见不平侠肝义胆,我父亲想:等我长大了也要演肖恩这样的英雄,一定好好练功、唱戏、成角儿……

正想着,突然看到身体前边一条大鱼蹿出水面,一蹦老高,他伸手去抓,一下子用力过猛了,大半个身子离开木排,"咕咚"一声就掉到江里去了。我父亲那时不会游泳,沉下两丈多深还没到底,求生的本能产生了超能力,父亲没有像一般溺水的人那样张嘴喊,他猛劲一憋气又浮上来了,露出水面时头刚好在木排边。

大家全都吓蒙了,七手八脚地把父亲拽了上来,昏昏沉沉中,他听见有人说:

"这是赶巧了,要是再偏一点,脑袋撞上木排,这孩子的小命儿就完了。"

好家伙,多悬啊,这是捡了一条命,后来父亲给我们讲此事时我们直说他命大。他说他见过溺水者肚子鼓鼓的,听人说落水里不要喊,一喊就喝水了,憋着气还有可能被人救上来。父亲从小善于观察和思考,这正是他的过人之处。

进入 10 月份,虽然月份牌上的节令是秋天,但东北早冷了,河里结了薄冰,父亲他们到河沟里摸鱼捞鱼,为什么啊?因为饿啊。俗话说,半大小子,吃死老子,父亲他们正是长身体的年龄,戏班伙食差,吃糠咽菜填不饱肚子,就想起捞鱼吃。

下了水,衣服就湿了,北风一刮,如小刀割肉,生疼生疼的。少年人渐渐抵挡不住严重的风寒,邪毒侵入肺腑,上攻三阳。立冬后的一天晚上,我父亲突然发烧、头疼、恶寒,就觉得冷啊,浑身抖得像筛糠。到了早晨,脸、嘴巴、眼皮、舌头都肿了起来,嗓子疼,耳朵里肿痛加剧,连及颌下颈部都肿胀疼痛。过去穷人看不起病,有个头疼脑热,盖上棉被发点儿汗,忍几天就过去了。父亲以为自己得了重感冒,过几天自然会好,戏班的人也没太在意。可是又过了两天,父亲的病情更重了,脑袋肿得比蓝球还大,鼻子和脸一般平,两眼只剩下两道缝儿了。

狠心的师娘见他不能上台唱戏,就把他扔在席棚内不管。还是一同唱戏的父老兄弟们发现了,把他接到了"官中下处",什么是官中下处呢?"官中"是公共的意思。旧时京剧戏班中,主要演员的服装、琴师都是专用的。而一般演员的服装和道具都是公用的,叫官中行头。而"官中下处"是专门为各路戏班子预备的公共旅店,是那种对面大炕,能睡几十人的大屋子。

起初,他还能吃点东西,自己勉强也能料理自己。可是病情越来越严重,躺在炕上不吃不喝,奄奄一息了。多亏了一起唱戏的父老兄弟,"同是天涯沦落人",他们轮流照顾父亲,喂水喂饭、端屎端尿,才使父亲的生命能够维持下来。

晚上艺人们都去唱戏了,空荡荡的屋子里只剩下我父亲一人,数九寒冬,13岁的病孩子一息尚存,他强睁着肿得睁不开的眼睛,望着窗户上厚厚的冰花。病痛、饥渴、寒冷、孤独和恐惧折磨着父亲。自从4年前被朱某带到离家几千里的地方,一直以唱戏为生,现在生了重病,举目无亲,真是叫天天不应,叫地地不灵。人在生病时最想家,想妈妈,父亲不想病死在异地他乡,他挣扎着想下地喝点水,但就是动弹不了。神志恍惚中,看见妈妈走过来说:"儿子,醒醒,喝点水。"水,水,父亲舔着干裂的嘴唇,明明妈妈刚喂了我水,为什么我还口渴?难道我要死了?不,我不想死,虽然学戏、唱戏很苦,但是我心甘情愿啊,求求老天爷保佑让我活下来,我一定好好唱戏。

也是我父亲命不该绝。这天中午,有个附近兵营的王医官到戏园子对过的饭馆吃饭,饭馆的掌柜的姓刘,吉林人,平时爱看戏,和戏班子的人熟了,赶巧这王医官也是个戏迷,两人平时爱聊看戏的事,聊着聊着,王医官突然问:"哎,最近怎么老没见小鑫奎呀?昨天我去看《法门寺》,他的戏换别人啦。"

刘掌柜的一听,叹口气说:"唉,别提啦,这小鑫奎也不知道得了什么病,脑袋肿得比西瓜还大。都病了好几个月啦,他师娘也不管他。可怜他家在北京,离这儿好几千里地,谁能管他呀。怕是活不了啦!"

王医官一听,忙说:"有这回事?待会儿吃完饭,你领我去看看。"

等王医官到了"官中下处"这么一看,他连连摇头,说:"这病俗称'大头翁症',如今病情耽误了,没治啦。"

大伙围着王医官,一齐说好话:"大夫,您的医术高明,反正这孩子也不行了,您就死马当作活马治,万一治好了,您可就积了大德了!"

王医官琢磨了一会儿,说:"这样吧,我身上带着一种闻药,你们给他闻闻试试。要是打出喷嚏,我就开方子;打不出喷嚏的话,那我也无能为力了。"

说着,他掏出了一个烟色玳瑁嵌金丝的小鼻烟壶,打开盖子,倒出一小撮紫色药面,握在手心里,凑到我父亲鼻尖上让父亲吸闻,大家都眼不错珠地盯着父亲的"大脸",气氛别提多紧张了!只见我父亲的头稍微动了一下,"阿嚏"一声打了个大喷嚏。众人都乐得不行,王医官也很高兴,马上提笔开了个药方,说:

"你们快去药店抓药,先把这服药吃了看看再说。"

大家于是凑钱抓药,煎好了给我父亲喝下。喝完药的第二天,就不发烧了,头部也有些消肿,吃完这服药,王医官又来看我父亲,开了第二个药方,还是众人出钱抓的药,其间刘掌柜也来看望,带些吃食。这样过了两个星期,我父亲的神志就清醒了,但是肿还没有全消,当他在镜子里看到自己的头像西瓜,眼睛成了一条缝,手指不分瓣,不由得哈哈大笑。

父老兄弟们说:"你还乐哪,你在炕上都病了好几个月啦。"从头至尾,把经过情况给他这么一说,我父亲听罢大哭一场。

等能下地活动了,父老兄弟带着父亲向刘掌柜道谢,刘掌柜的说:"别谢我啊,是王医官救了你的命,要谢就谢他去吧"。

刘掌柜的带着我父亲去找王医官。进门一瞧,王医官正在吃饭呢,我父亲登时就给他跪下了:

"王伯伯,晚辈这条命是您救下的,您就是我的救命恩人。恩人在上,小鑫奎给您磕仨头,感谢您的大恩大德。今生无以为报,来世给您当牛做马。"

父亲说完,"噔噔噔"地磕了三个响头,泪流满面。

每当父亲回忆这段往事,非常感慨,当初要是没有好心的饭馆掌柜,碰不上这位医术超群的医官,没有同行艺人的照顾,恐怕他早就死在遥远的异乡了。

七、辗转回京,久别重逢

两次劫数,大难不死,父亲觉得东北这地方是不能待了,一定要想办法回家。回家成了父亲挥之不去的情结。

父亲养病期间不能唱戏,过去戏班把一个小孩培养成角儿不容易,最怕被别的戏班拐跑。那时我父亲已经在那一带小有名气,有专门的行头了。啥叫行头?就是唱戏的戏服,如唱老生的一般有忠纱帽、白三、黑三、大带、玉带、黑蟒、白蟒、绿蟒、三肩、红彩裤、厚底靴等。但是鬼精的师娘,把他的行头锁起来,既不让他唱戏,也不让他离开。

转瞬间就要到春节了,延吉戏园子的徐箱东(他本人有戏箱就称为箱东)来珲春约角儿。这人很爱才,懂戏,也有些识见,他原先看过父亲的戏,觉得这小孩天庭饱满,方头大耳,扮相洒脱,声音亚赛洪钟,是个唱戏的好苗子,就想让父亲去他的戏园唱。

但是问题来了,父亲的学徒期限还没满,父亲说:

"我师娘怎么办?"

徐箱东就说服他:

"你师娘待你这样狠,不要管她了。"

我父亲又发愁说:

"可我的行头被她锁在屋里,我唱戏没有行头呀!"这是第二个大问题。

徐箱东说：

"那没事，我的戏衣虽然旧点儿，但穿破不穿错，给你改几件，暂且先凑合着。"

他看着我父亲，一字一顿地说：

"我看，你的出头之日还是唱戏。"

徐箱东的一席话，让父亲觉得是遇到了贵人和知音，他心里打好了主意，先离开珲春再说，说不定到那里有机会回北京呢。父亲既然已生了走的心，怕夜长梦多，索性一不做二不休，决定当晚和徐箱东一同逃跑，晚间就住在市外，第二天坐大车，坐了几十里又改骑牲口，也有时步行，240里地走了三天多，终于到了延吉。

到达后休息一天，整理戏衣，安排唱戏，徐箱东好人做到底，他想十三四岁的孩子没人管是不行的，当时叫来后台管帽箱的纪忠良先生。对他说：

"小鑫奎这孩子可怜哪，7岁没了爹，他娘改嫁别人了。他从9岁和朱老板学徒唱花脸，中途转卖给丁老板唱老生，后来丁老板得病死了，师娘也不管他，刚刚大病一场，差点丢了命。您好心收了这孩子做义子吧。"

这纪先生是个忠厚老者，中等身材，相貌和善，这时他微微笑着答应了徐箱东说："好。"又看着父亲说："孩子，以后就跟着我吧。"

父亲于是拜他为义父，从此父亲的衣食住都由纪先生管理着。在延吉，我父亲第一次唱戏给自己挣钱了，薪水先由义父管理着。父亲在《自述》中这样评价纪先生："这个人道德品质是高尚的，犹如我的再生父母。"

在纪先生的教育和照料下，父亲的生活起居有了规律，与北京

家中也经常通信了。父亲每接到回信时还是大哭不止,虽经纪先生劝解,但总是想回故乡。纪先生对父亲说:

"你是个小孩子,此处离吉林1300里,没有火车,夏天劫道的很多,冬天就把你冻死了。不要着急,若有好机会,一定让你回家。"

光阴似箭,转眼到了1915年的冬天,父亲16岁了。从10岁离京到海参崴,父亲经历了很多人、很多事,什么金钱啊、地位啊、名誉啊,他都看得淡了,唯有回家的心愿,却是一天比一天强烈。

有时他在台上唱《四郎探母》,念上场诗:"失落番邦十五年,雁过衡阳各一天。高堂老母难得见,怎不叫人泪涟涟。"竟真的流下泪来。唱西皮慢板:"杨延辉坐宫院自思自叹……我好比笼中鸟有翅难展。"他想,这些唱词是什么人编的,编得真好,唱到了他的心里,觉得戏里的人生与他的人生是那样的相似,也渐渐明白了"舞台大世界,人生小舞台"的道理。演员一旦学会用心去演,艺术上长进更快了。

一天,父亲夜场散戏回来,还沉浸在满堂喝彩的喜悦中。纪先生来找他,脸上挂着笑容:

"鑫奎啊,你的机会来了。正好有一位警察局的耿巡官。他是河北沧县人,父死了好几年了,现在要往回搬尸骨。我听说以后觉得这是你回家的好机会,就去找了耿警官。"

"义父,您怎么说的? 他怎么说?"

"我说了你想家的事情,说了一定速送你进关的话,他就慨然应允了。"

"耿警官真的答应了送我进关?"

"真的答应啦。"

义父拿出来早就给父亲做好的被褥和衣服,打开一个布包,把父亲这几年唱戏所挣的钱,如数交给父亲。

夜深了,一灯如豆,爷儿俩促膝谈心。纪先生教父亲为人处世的道理,嘱咐行路的规矩,小心什么样的骗子和骗术,怎样留神东西和钱,桩桩件件满含情义,字字句句都是一个父亲对儿子的爱护和疼爱。自从离家以来,父亲受到无数的打骂、虐待和欺压,经历了大小伤病的折磨,死里逃生,今日义父待自己犹如亲生,恩重如山,将心比心,感动得父亲说不出话来,只是趴在地下,不住地磕头道谢。在这严寒的天气里父亲并不觉得冷,因为他重新享受到人间真情的温暖。

次日清晨,天上飘着鹅毛大雪,到处白茫茫一片。耿警官雇了两辆轿车,为了御寒,里边都挂上了皮里。一辆坐人,一辆盛骨殖和食物。为了保障路上安全,耿警官还雇了两名彪悍的随从,加上司机,有六个人之多,所以他预备了好几大袋子白面、一桶油和两袋子盐等必要的食物。

吃过早饭,纪先生送我父亲上车,并用自己的钱替父亲交了路费和伙食费。他紧紧拉住父亲的手,谆谆嘱咐说路上要小心、要听话,又谢谢耿警官照顾我父亲,父亲也说回家后一定写信报平安。车子发动了,爷儿俩恋恋不舍,洒泪而别。纪先生目送着轿车开远,老泪纵横。父亲在车上看到雪地里义父的身影越来越小,心想这一别不知何日再能见到他老人家,也是伤心不已。

从延吉到吉林,要走1300里路,走起来非常不易。要过老爷岭,要走滚兔子岭,还要爬黄花松甸,这些地方都是无边无际的大森林。松树都长到十几丈高,两个人抱不过来。原始森林人迹罕至,夏天野兽出没,无人敢走。冬天要穿过树林也得一天。这些山属于长白山支脉,山高谷深,台坡陡立,悬崖绝壁众多,形势险恶。从没有走过山路的父亲不敢往下看,一路上心惊肉跳,一次他一脚踩空,幸亏被一个树根绊住了他往下滑的双脚,吓得我父亲出了一身冷汗。

一路上万水千山,父亲他们遇到山岭下车走,遇到河沟也要下车走。我听我父亲讲过,东北一月份的天气非常冷,没有火车,只能坐牛车或者马车赶路,可是不能在车上坐很长时间,也不能在车上睡着,一旦睡着了,可能就永远也不会醒过来了。我父亲他们坐一段车就下来快走一段,或者就跟着车跑,跑得满头大汗,再坐上车,这样就不会被冻死了。

在下面走的时候,我父亲就跟着车子,一边走一边练习京剧的夜行走边,"月昏黑,意乱心忙,顾不得路途难行,脚步跄忙……"遇到江,车开始在松花江上走,天然冰冻得三四尺厚,车在冰上走,比夏天绕着江走陆路要节约了不少的时间。

就这样紧走慢走,走了一个多月,父亲他们到达了吉林。但是父亲在路上经历了一次险情,差点送了命。

事情是这样的:不是说坐一会儿车就得下来走吗?可是我父亲毕竟是十五六岁的少年,他贪睡啊,跑了一会儿困意袭来就上车躺下了。耿警官本来是跟在他后面不远的,走着走着要小便,便去解了个手,回来影影绰绰看见前面有人走,以为是我父亲就没在意,不知过了多久,耿警官叫他:"小鑫奎,你可以上车歇会了。"那人一回头,耿警官发现并不是我父亲,当时急坏了,上车一看,父亲已经睡(冻)得昏死过去,怎么叫都叫不醒了。耿警官赶紧叫来所有人,劈劈柴生火,给我父亲脱衣服烤火,采取搓身等办法,硬是把他从死神的魔爪中抢救回来。

据我父亲后来说，他一上车就做了个梦，梦见回到家里，见到妈妈，妈妈给他吃北京的冻柿子罐，他吃了一个又一个，吃得浑身冰凉，后来就动不了了，他想哭，眼泪好像也冻住了流不出来，他喊着："妈妈，妈妈。"妈妈正在跪着求他第一个师父："求求你，不要再打我的儿子，你看你快把他打死了呀！"他感到身上真的很疼，但是他不怕疼，只要能看到妈妈就好。咦，妈妈怎么没了？我怎么睁不开眼睛？难道我真的被打死了？不对，我明明是在回家的路上，可能我是睡着了。怎么能睡着了呢？我得下车跑啊，要不就冻死了，死了就看不到妈妈了。快——快——快跑，可我的腿，腿怎么也动不了了！我可能快要冻死了！可能我已经死了！我再也见不到妈妈了！啊，妈妈，妈妈！我父亲无声地哭喊着，突然有一滴水落到嘴边上，舔一舔，咸咸的，是眼泪，"啊，我有眼泪了，我死不了了！"耿警官他们见到父亲终于醒了，松了一口气。

到了吉林就有火车了，火车的速度当然更快。所以耿警官让轿车司机原路返回，他和我父亲还有两个随从一同坐火车。其实，他也可以先打发那两个随从回去，因为再往前走基本都是大城市，根本用不着他们"保镖"，但是耿警官原来说好让他们跟着一同回老家，因路途长，报酬也多给他们些。耿警官是个言而有信的好人，没想到好心竟没好报，会引狼入室。

父亲他们由吉林坐火车到了奉天，一下火车，那两个随从就不见了，他们拐了耿警官的钱款和行李逃跑了。耿警官冲父亲直掉眼泪，说："都怪我没有发现，看错了人，出了这种事，很对不起你。"父亲反倒安慰他："人心隔肚皮，这怎么能怪您呢。这是想不到的事情，后面我们怎么走呢？"好在父亲的行李并没有被拐走，耿警官说："我身上还带着些备用金，不过我的很多钱全被拐跑了。我们还是坐火车到天津吧。"耿警官又掏钱买了到天津的火车票。

到达天津后，要分手了，耿警官奔南去沧州，父亲往西北去北京。耿警官给我父亲买好去北京的车票，亲自到站台送他，又塞给了他一些钱，还是一个劲儿地道歉。父亲这时顾不上看看给他的钱有多少了，见到母亲是头等大事，他的一颗心早就飞回了家中。千恩万谢了耿警官后便上了火车。

火车一到北京，父亲第一个跳下车厢，三步并作两步跑出车站，雇了一辆两个小孩拉的铁皮洋车，路上也无心观景，只是催那俩小孩快点拉车。早在天津，父亲就把家的地址死死记在心中，所以一点也没耽搁路上的时间。

到了家中一叫门，里院听不见，外院有人问："什么人，由哪来？"父亲应答完毕，外院往里传呼说："您的儿子回来啦！"生身母盼想儿子六年了，盼星星，盼月亮，望眼欲穿啊！而这次父亲回来，预先又没来个信儿，忽然听见"儿子回来了"，我太太顾不上穿鞋，光着袜底，由后院"嗵嗵嗵"就跑到了前院。

父亲整整走了两个多月才回到北京，到家时正是严寒的四九天，两只鞋都露大脚趾头，冻得发紫。我太太看见了，一下子扑到他的跟前，趴在地上，抱着他失声痛哭，长跪不起，这时候我父亲也是泪流满面，抱着我太太，喊着："妈妈！妈妈！"

母子俩的痛哭声惊动了邻里乡亲，老街坊们围拢来，男人们叹息着，女人们抹着眼泪。"六年啦，回来不易啊！"嫁父也陪着太太哭了一会儿，说："孩子回来了就好，走了这么远的道，快让他进家歇歇吧。"

久别重逢的一家人喜悦之情无法形容。父亲擦了擦脸上的泪水，说了一路上的艰难困苦，他瞒下了与死神擦肩而过的经历，只说了多亏义父纪先生和耿警官，要是没有他们的帮助，猴年马月也回不来。

我太太和嫁父一个劲儿地说遇上好人了，以后一定要报答他们。父亲吃着太太煮的热粥，感到从未有过的香甜，他在想，世上还有比妈妈更疼爱自己的人吗？还有比家更温暖的港湾吗？经过几十天的旅途颠簸，终于苦尽甘来，那一夜，我父亲睡了六年来最踏实、最安稳的一个长觉。

八、带艺作科喜(富)连成

心情稍微平静了以后，父亲又想出去唱戏。他托人联系了两个戏园子，一个是煤市街南口的"文明茶园"，即是后来的"华北戏院"；一处是东安市场，即现在的"吉祥戏院"。

唱了些天，情况并不理想。你想啊，北京是京剧大本营，京剧非常普及，名角儿如云，票房林立，懂戏的观众也是乌泱乌泱的，若无一两手绝艺，很难"叫座"，更甭提"唱红"了。我父亲虽然先天条件很好，在东北唱戏时曾以"童伶花脸赛金钟"为号召，唱老生也挂牌了，但毕竟缺少名师指点，功底和火候还不到家。父亲是一个能做到"知己知彼"的人，他有自己对艺术的追求，总是不满足、不断进取，有时近乎是苛求自己，他经常对我们讲："人外有人，天外有天，天道酬勤，以我一生实践，此言不虚。"

1916年秋天，经人介绍，我父亲带艺作科，走进中国京剧的第一科班——富连成。

富连成被誉为京剧界的"黄埔军校"，它是中国京剧科班教育中最有成就的一个。提起富连成的创始人，一定要提这两个人——牛子厚、叶春善。牛子厚何人？叶春善何人？

牛子厚原籍山西太原，"船厂牛家"的第四代传人。其家有乐善好施的传统,开粥棚,办"三皇会",热心公益慈善。"牛善人"远近闻名。由于家资豪富,牛子厚的业余爱好也是丰富多彩的——摄影、园艺、修表、中医以及占卜、算卦等无所不好,尤其喜欢戏曲,特别是对京剧情有独钟。1901年,牛子厚通过京剧艺人叶春善,请到北京"四喜班"戏班来吉林"康乐茶园"演出。在交往和演出过程中,他通过观察和了解,发现叶春善为人诚恳,办事认真,京剧中生、旦、净、末、丑行行精通。于是,很得牛子厚的赏识和信赖。进而,牛子厚向叶春善提出:请叶开办一个京剧科班,由叶总其成,由牛家出资,在北京、吉林两地轮流演出,既可解决牛家看戏的问题,也可以为京剧培养一批人才。叶春善对此很慎重,唯恐辜负了牛子厚的美意,推托再三,终于应允。

叶春善出身于梨园世家,幼入"小荣椿"科班,工老生出科后,曾搭四喜、福寿等班。1904年叶春善在北京琉璃厂西南园自宅为社址,先招收了陆喜明、陆喜才、赵喜贞、赵喜魁、雷喜福、武喜永六名学生,世称"六大弟子"。1905年又招了十几名学员,在虎坊桥租了一个小院练功学戏,牛子厚拨出白银280两作为开班经费。后社址迁到宣武门外前铁厂七号,叶家也搬入其内,又招收一批学员,并聘请了萧长华、苏雨卿、宋起山、唐宗成等京剧名师分科执教。此时,才正式给戏剧科班起名,以牛子厚的三个儿子牛喜贵、牛连贵、牛成贵各取一字,定名为"喜连成科班"。

1912年牛子厚退出,把科班全部交给叶春善。后来叶先生又与北京巨富沈玉昆合作,沈先生又对科班投资,经征得牛子厚同意,改名为"富连成"科班。

从1904年算起,到1948年共招收了12班,培养了京剧学员七百余人。在该科班学习的学员因是受正规专业教育,很多学员日后在京剧界都成了"名角"，誉满全国，比如梅兰芳，原名梅喜群，为第一科学生，后改名梅兰芳。周信芳(喜)、马连良、谭富英、裘盛戎、袁世海等，都是从这个科班学成的学员。

叶春善社长曾说出豪言壮语："二十年后，甭管哪个班子，没我的学生就开不了戏。"这话果然兑现。

富连成社招收学生没有定期，只收男生，随到随考，入学年龄为6至11岁，坐科年限一般为7年。训练方法为口传心授，从形体基本功开始，然后按学生气质、性情、嗓音、扮相、体态等不同条件，划归不同行当，文武兼学，要求极严。富连成社培养了喜、连、富、盛、世、元、韵7科学生近七百人。富连成是京剧史上历史最长、规模最大、造就人才最多、对我国影响最大的京剧科班，为京剧艺术的继承、发展做出了贡献。

父亲去的那天，正赶上科班的考试，感觉很有意思。考试时，老师们坐在屋子里，男孩子们站在外面等，老师叫一个名字进去一个。被叫到的孩子身体魁梧，长得粗眉大眼，老师吩咐："上前走五步。"他一步步迈得很扎实，老师又说："咳嗽两声。"他大声咳了一下很响亮。花名册下，老师暗暗注明：花脸。有点武气的、长得秀气的、长得端庄、走路稳重的孩子，一一注明：武生、青衣、老生等等，还不能轻易决定，要让他们看戏，看他们对哪个行当感兴趣，给他们道具让他们挑选，老师暗暗观察，过了几天叫孩子们考试，问他们的意愿是愿意学哪个行当，他所说出的行当愿望，往往和他这几天的举止行动是一致的，于是孩子的命运也就确定下来。如果违反性情硬来，那也学不好。科班里说："老师开错了蒙，如同放火烧身。"也就是说，选错了行当，会毁了一个孩子的艺术生命。

父亲不用和这些小孩子排队考，介绍人领着他，直接去见叶春善社长和萧长华先生。萧长华先生是江西人，出身梨园世家，因闹太平天国全家到北京避难，其父萧星五，为当年的名丑，伯父萧小兰是著名昆旦，搭班三庆、四喜。萧长华9岁在琉璃厂读书，受到良好的文化启蒙教育，幼时拜师梨园名宿徐文波，后又从名丑宋万泰学小花脸，无戏不学，学无不精，能说整本三国大戏，富社的戏多出于他。他与梅兰芳合作，衬托周到，成绩圆满。喜连成成立之初受叶春善之邀为学员授课，无论生旦净末丑、文武各戏，无不遍为教授。兢兢业业三十年之久，始终不懈。富连成大小五科学生五百多人，受其开蒙指导者十有六七。

我父亲也是由萧长华先生开的蒙，开蒙戏有《法门寺》《桑园会》等。此人为人谦逊，克勤克俭，终身布衣蔬食，不亲烟酒，不纳妾，不蓄童仆，赴剧场演戏，亦无跟包伙计。他的为人，是我父亲的榜样。从16岁到19岁，正是一个人形成世界观的关键时期，萧长华以及富社其他先生们为人正派，勤于艺，玉于德，对我父亲的影响是很大的。

父亲见到了萧长华先生，看样子他比父亲大了二十来岁，是位举止优雅、态度亲和的中年人，长得鼻直口方，相貌堂堂，双目炯炯有神。他见父亲面貌端庄，举止沉稳，是个唱老生的好材料，一问我父亲的意愿也是老生，而且挂过牌、唱过戏，马上就定下来，依然在老生行。当时是第二科，连字班，学员都在名字中间嵌进一个"连"字，从此我父亲改名叫常连安了。

班里的学生都带着连字，我父亲有一个同学的名单，如下：

高连甲、马连昆、赵连城、骆连翔、马连良、赵连升、宴连功、刘连荣、韩连宴、张连洲、杨连森、何连涛、钟连鸣、唐连诗、张连崧、方连元、王连阔、姜连彩、于连沛、曹连孝、常连惠、高连登、宝连和、陈连胜、徐连仲、王连奎、张连福、罗连云、诸连顺、常连安、常连贵、李连双、刘连湘、程连喜、萧连芳、苏连汉、高连第、姚连增、李连英、陈连清、常连琛、金连寿、于连泉、王连平、梁连柱、崇连卿、郭连颐、金连玉、高连峰、冯连恩、于连仙、杨连禄、张连庭、陈连虹、廉连颇、英连杰、高连海、郝连桐、白连科、张连林、赵连华、张连芬、王连浦、殷连瑞、李连贞、周连钟、张连宝。

二科同学中有很多优秀的毕业生，后来成为京剧界的佼佼者。

马连良先生是我父亲的同科好友，比我父亲小两岁。马连良，字温如，原籍陕西扶风县，回族，回名尤素福，信奉伊斯兰教。其父马西园与著名京剧演员谭小培熟识，三叔马昆山在上海唱戏，受家庭的熏陶，马连良从小热爱京剧艺术。9岁入喜连成第二科，一开始学武生，不甚得志。后又改学老生，至18岁始满科，十年中，学戏极多，以做工念白戏最为擅长。他扮相清癯，扮孔明戏，潇洒儒雅，恍如孔明复生。连良出科后一度嗓音失润，重返富社，再次坐科三年以上。每天清晨去西便门外喊嗓、练念白，回家吊嗓，坚持不懈，不动烟酒，严格律己。富连成社科班每天演出日场，他为学习前辈艺术成就，则于晚间看戏。他与余叔岩、高庆奎、言菊朋并称前"四大须生"；后三人去世，他又与谭富英、奚啸伯、杨宝森并称后"四大须生"。与梅兰芳、荀慧生并称民国时期京剧三大家。1966年12月因遭受迫害含冤逝世。

我父亲在富社的好友还有三科的马富禄，也是北京人，比我父亲小一岁，工文丑，师萧长华，科班时即已享名，长期与马连良、荀慧生、于连泉合作。他嗓音洪亮宽厚，口齿干净利索，念白极响堂，他擅演蒋干、汤勤一类的方巾丑，崇公道、老军一类的老脸丑，酒保、樵夫一类的茶衣丑等，乃至婆子、彩旦等，在台上抓哏逗笑，分寸感拿捏得恰到好处。成为京剧"四大名丑"之一。我父亲看过他很多戏,对这位师弟的艺术打心眼里佩服,后来我父亲改说相声,对京剧丑角艺术是有所借鉴的。

同科老生张连福、与青衣李连贞、花脸王连浦在当时最火,不在须生马连良之下。张连福出科后,嗓音失润,在家休养,为票友说戏,后回富连成充当第五科老生教授。王连成为同班武生,山西人,后因为患眼疾不能演戏,好学不倦,能戏很多,于是留社任教,富社所有武戏,大半传自连成。张连宝,北平人,先学铜锤花脸,后改武丑,从萧长华学文丑,16岁出科后教授监练武戏,露演武管事。刘连荣,15岁入社带艺作科,净角花脸,与梅兰芳、马连良合作。王连浦,净角花脸,17岁出科,与谭富英合作,可惜27岁英年早逝。高连峰,丑角,与马连良合作。于连仙,11岁入喜(富)连成社习艺,别名小荷花,开蒙从该社教授金喜荣学花旦,出科后与周信芳合作,为上海滩知名花旦。于连泉,艺名小翠花,9岁学艺,10岁入富社带艺作科,工花旦,从萧长华先生,文武昆乱无一不能,当时与荀慧生、尚小云齐名。

父亲学戏期间结交了很多京剧界的名家,和他们成为很好的朋友。比如文武小生程继仙,原名程继先,1878年生人,是京剧开基创业大师程长庚之孙、鼓师程章圃之子。幼入"小荣椿"科班,习文武小生,与杨小楼同科。文戏是陆小芬亲授,武戏则是杨隆寿、茹莱卿亲授。在科班坐科时,他的演技就为内外行称赞,出科后,为清廷德公爷赏识,曾一度做官。辛亥革命后,一度摆摊谋生,经朱素云帮助,重返梨园界,复在北京演出。

程继仙嗓子不佳,为了扬长避短,他不演纯唱工戏,但他的唱念功力却是旁人所不能及的。他最讲念白音韵、五声阴阳,造诣之深，能使坐在最后一排的观众也听得清清楚楚，好像就在耳边聆听一样。他演戏擅长揣摩人物，不论是雉尾生、官生、扇子生、穷生和武小生，他都拿得起来，并且演得惟妙惟肖，装龙似龙，装虎似虎。程继仙的演技炉火纯青，养到功深，精巧优美，圆融无迹。他每一出戏都有每一出戏的独到之处，如《借赵云》的起霸、对白、开打，《八大锤》的双枪和《岳家庄》的双锤等，即使极为普通的表演手段与程式如出场的抖袖、开打的对枪，也都能边式、漂亮、与众不同。程继仙注重做派、神情和工架，表演传神入微，善于以翎子、扇子、甩发种种功夫以及细节的刻画来塑造剧中不同人物的形象。尤其是《群英会》中的周瑜，有"活周瑜"之称。他先后曾与谭鑫培、杨小楼、余叔岩、梅兰芳、程砚秋合作，戏路宽广，珠联璧合。

朱素云大程继先6岁，先学昆旦，后习京剧小生，曾为清廷"内廷供奉"，戏路宽广，腹笥渊博，20年代经常与梅兰芳、程砚秋、尚小云配戏。

这两个同时"内廷供奉"的前辈提携过我父亲，也许就是他们介绍我父亲去富连成社的。我父亲一定是通过某种关系比较密切的渠道结识他们，也许这两个人认识爷爷，也许是嫁父的关系。由于社会关系在那个年代讳莫如深，所以他从来没有和我们聊起过。

要说我父亲在富连成所受的艺术上的教益，那就太多啦。不是有句俗话，说"名师难求，好友难逢"。一个人练了十年功，可是不受指点，也是枉受苦劳。我父亲9岁被"写"走，在东北唱了6年戏，坐科以后有了教授教习，才知道同样是唱戏，平庸之辈与名家之间，却有着天壤之别。

富连成科班里学戏，不光是学自己那一行当，生、旦、净、末、丑，各行的玩意儿，都得学懂。有了这个基础，那你唱什么戏来，都

40

能行了,不至于像有些唱惯老生的,唱起武生戏来没有胡子他也往下巴颏上抓,唱惯了大花脸的,唱起老生戏将胡子也还用他唱大花脸的手势。学戏的时候,非但什么行当的戏都要学,而且要使各行融会贯通,做到文通武达,使它对自己唱的本行有帮助。我父亲学过花脸、娃娃生、老生,作科以后,也是武生、小生、老旦、青衣、花旦,文丑、武丑都有学习,在广和楼跑过龙套,搭过戏。

富连成以武功为学员基础,人人都要练毯子功。拿趟马这一套舞蹈动作的训练来说,无论生、旦、净、末、丑,它的基本路子都是一样。可是各自的身段不同,花脸是花脸的身段,武旦是武旦的身段,同时,还得看你扮的是什么人物,各个人物又各有自己趟马的神情、特点。每天上早课时,师父在旁边敲着锣,以锣声为号,场子里进退变换都听从锣声指挥。

唱戏作艺要美,要让人爱看,表演上最讲究"手、眼、身、步、法",关于这个说法我父亲也是进富连成以后才加深理解的。他经常跟我们念叨他作科时经常背诵的一个言前辙的诀窍,叫作:"一戳一站,一动一转,一走一看,一扭一翻,一抬一闪,一坐一观,都要顾到'四面八方',要让人人爱看。"身上有没有戏,走两步就知道了,比如一个简单的云手,一开、二拧、三合。云手开的时候向着观众,合的时候也要向着观众。

转身拧腰要有腰劲,身子转了过去,脸还别忙着转。两臂开合要撒得开,不要像擦鼻子似的。再加上精、气、神,顾到脸上、身上、脚底下,不温不火,不松不僵,该快的地方快,该慢的地方慢,这样才好看。不用功的演员,平时不养成习惯,没有基础,往台上一戳一站,还没开口,人家就看出来了。

我父亲后来跑江湖卖艺,学古彩戏法身段灵活,说相声也比别人有身段，都是得了那会儿作科练功的益处，所以他经常对我们讲："艺多不压身，多多学习，是好东西日后都有用，没有白学的玩意儿。"

父亲前两个师父朱某、丁某教戏，就是做个样子，什么也不讲，你做不出来就打，唱糊涂戏，教出来的徒弟也是糊涂徒弟。富连成不一样，科班的老师教戏，先解说这戏里的道理、人物，和我们生活中的道理相互印证，然后边念词边做表情。比如说天黑，要让观众从你的表情上感觉到周围是黑洞洞的，如果你念的台词是黑洞洞的，而你的表情给人看上去是亮堂堂的，或者你只是简单地做一个向前面看一看的表情，那都是不行的。

科班里的先生们常说演戏不能"张飞脑袋孔明心"，意思是不能内外不合，要内外兼修。一戳一站是表现人物的基本功，你在这个戏中的角色正给人家诚心诚意地道歉呢，你却一会儿捋胡子，一会儿摇帽翅，怎么行呢？

我父亲虽然是带艺作科，但是他的生活完全和那些新作科的小孩子一样。富连成的学艺生活很紧张。首先是晨课，每天6点起床，起床后即行洗漱，洗漱后开始练功，文行吊嗓，武行练习武功、小翻、操手。文武合排一戏时，由教授临时规定。

早餐。学生练功到八九点钟，然后用早餐，条桌板凳，对面坐二三十人，竹筷瓷碗，早餐多食馒头。

上馆子。上馆子就是去戏园演戏。早餐后，学员按序排成单行一队，由管事率领，从虎坊桥社中出发，沿西柳树井大街，直抵路口再折向北，循前门大街之东偏甬道进肉市口，至广和楼。熟悉北京地理的人都知道，这是绕了一个大弯子，因为如果走近路需经石头胡同、李铁拐斜街一带，而这条路上多有妓院。叶春善社长恐侵染学生心灵，宁肯舍近求远，可见其用心良苦。

学员所着之衣，分春夏秋冬四季。春秋两季头戴瓜皮小帽，外罩蓝布小衫，青布马褂，蓝袜青靴；夏季头戴草帽，外穿月白竹布衫，遇雨时，每人油靴雨伞；冬季则为皮帽或绵绳帽，蓝棉袄，青棉布马褂等，富社学员上馆子成为旧时北京之一景。

演戏。富社在广和楼演戏开戏的时间，比一般戏园子要早，每日在上午 11 点开锣，大约至下午 6 时散戏。学员在这六七小时里演八九出戏。

晚饭。晚餐米饭，应时菜蔬，冬天大白菜，夏天冬瓜、茄子等。遇堂会及夜戏，另购肉类犒劳。

夜课。晚饭之后有晚功，次序与晨功相同，文武各行教授均须到齐，晚功无事者不必到场。

夜寝。夜课结束大约 10 点，各自归寝，数十人睡大通铺。

叶春善社长对学生不分亲疏，一视同仁，做到量材授艺，人尽其才。督导严格，一丝不苟，尤其对自己的子辈，要求更严。他把儿子叶盛章、叶盛兰都培养成中国著名的演员。对学生的品德教育也很认真，科班立有学生必须遵守的"训词""要则"和"规约"若干，不许违反。

如父亲经常让我们兄弟背诵的《富连成科班训词》：

传于我辈门人，诸生须当敬听：

自古人生于世，须有一计之能。

我辈既务斯业，便当专心用功。

以后名扬四海，根据即在年轻。

何况尔诸小子，都非蠢笨愚蒙；

并且所授功课，又非勉强而行？

此刻不务正业，将来老大无成，

若听外人煽惑，终究荒废一生！

尔等父母兄弟，谁不盼尔成名？

况值讲求自立，正是寰宇竞争。

至于交结朋友，亦在五伦之中，

皆因尔等年幼，哪知世路难行！

交友稍不慎重，狐群狗党相迎，

渐渐吃喝嫖赌，以至无恶不生：

文的嗓音一坏，武的功夫一扔，

彼时若呼朋友，一个也不应声！

自己名誉失败，方觉惭愧难容。

若到那般时候，后悔也是不成。

并有忠言几句，门人务必遵行，

说破其中利害，望尔日上蒸蒸。

曲艺界至今流行的《训词》和这个《训词》几乎一模一样，应该是从富连成训词葚来的。

富社的《最要十则》和《最忌四则》很有针对性地提出了"四要四戒"的品德规范："要养身体、要遵教训、要学技艺、要保名誉；同时要戒抛弃光阴、戒贪图小利、戒烟酒赌博、戒乱交朋友。"语言朴实，感情真挚，意味深长，体现了富社艺术家、教育家高尚道德情操和注重师德、艺德，至今仍为人们广为传颂。

富社作科 3 年对我父亲一生的影响很大，使他养成了生活简朴、作息规律的良好习惯。

九、倒仓之痛

作科到第三个年头，我父亲18岁的时候，吊嗓时突然发不出声音，开始以为是感冒或者是练功过于劳累，多喝些水会好。可是尽管他注意休息和喝水，嗓子还是越来越坏，后来严重到唱不出声音啦。俗话说得好："唱曲得条好嗓子，拉弓得条好膀子。"嗓子坏了，不能唱了，怎么办？父亲很着急，就去找教授们说了。

一个老师安慰他说：

"连安哪，你这是倒仓了，也叫倒嗓。男孩子都要经历变声的过程，无缘无故地就哑了。有的人早些，有的人晚些，你算是比较晚了。"

"那我还会变好吗？"

"这就要看个人的造化了。即使日后能复原，也是需要一段时间的。哎，就看祖师爷赏不赏你这碗饭吃了。"

父亲听了教授一番话，仍然不能释怀，终日闷闷不乐。因为倒仓不能唱戏的，父亲见得太多了，上一届喜字班就有好几位。王喜秀，第一科老生，宣统年间曾在广德楼演出，声名鹊起与谭鑫培相抗衡，可惜后来倒仓，虽是英雄，无用武之地，只好辍演，在社里做教授。陆喜明，从苏雨卿教授学青衣，扮相秀丽，嗓音圆润，颇受欢迎，不幸嗓音忽变，唱不成声。叶社长十分可惜为他出资拜师学胡琴，后陆喜明以琴艺谋生。

我父亲想，我从小就唱戏，受苦受罪，坐科学艺，为了什么，还不是为了有出头之日？我难道就这样完了？可是唱戏的没了嗓子，如同鸟断了羽翼，英雄折了臂膀，面对突如其来的打击和挫败，我父亲一筹莫展。

1918 年,我父亲因为在社里不能继续练功和唱戏,只好退学回家,原定是坐科 4 年,学了 3 年,还差一年没有出科。邻居老前辈金九叔来串门,听我父亲说话没响音儿,就说:

"连安,你这是倒仓了呀。不要紧,我告诉你一个办法,到僻静地方练嗓,从小肚子上使劲,一声一声喊。千万不能使拙劲,要是使劲过猛,把嗓子喊劈了,那一辈子都是哑嗓子了。别着急,慢慢来,练他个三冬两夏的,嗓音还能恢复。"

于是,我父亲每天天不亮就起来,到西便门护城河边去喊嗓。

转过年到了 1919 年,父亲 19 岁,家里给他说了一门亲事,于是与田英完婚。就在这一年,嫁父得了肺病,病情很重,不能工作了。当时缺医少药的,无奈之下只得弄口大烟缓解一下病情,一来二去就有了毒瘾,家中稍有点积蓄,一年时间也就花光了,值点钱的东西,都送当铺当了。合家迁移到德胜门内抄手胡同,迁移两个月后嫁父病故了,很快我父亲一家的生活也就成了问题。

相声《当行论》的情境,与我父亲那段时间经常去当铺的生活似曾相识:

磨了半天,还是十块,十块我也当。当铺有个规矩,你当什么他全得褒贬,你当"金子",他写"熏金";你当"银器",他写"潮银";你当"丝绵",他写"麻绢";你当新衣裳,他写"油旧破补"。他一褒贬我这皮袄,气得我又拿回来啦。怎么?他褒贬得太不像话啦。

他一抖搂这皮袄:

"写……"

账房先生一听,拿起笔来给写当票儿。该听这站柜的褒

贬啦:

"写,老羊皮袄一件……"

我一听:怎么着?我那是西口筒子,大麦穗呀!又一想,老羊老羊吧,反正当什么赎什么,你也不能给我换喽。

"……老羊皮袄一件,光板无毛,虫吃鼠咬,缺襟短袖,缺襻短扣,没领子,没下摆,没前身,没……"

"哎,您拿过来吧,我当的是皮袄,照你这么写,等赎出来成小孩儿的屁股帘儿啦!"

当铺里站柜台收货的,必须是内行,外行干不了。得精通业务哇,您拿的是古玩,他一看就知道真假;您当瓷器,他得认识是什么年号,哪个窑烧的。

可是碰巧了也能遇见外行。解放前我在南京,新街口有个当铺,我在那儿当当,把我给逗乐啦。

外行怎么站柜台呀?敢情这位不是别人,是当铺的少东家,那天没事,站在柜台上跟伙计聊上啦。这个外行让我碰上啦,我不知道哇,把东西往上一递:

"先生,您给看看。"

他当时一愣,不好意思不看哪,恐怕露出外行来。

我的包袱包着一对儿戏台上场面用的铙钹,那就是一对小铜镲,他打开包袱一看哪,嗯?愣啦,知道是铜的,铜的不错,可是不知道这玩意儿。

他眼珠一转,想了个主意,心说:我问他当多少钱,他要得多,我少给他写,他一生气就走了,还看不出我是外行来。咳嗽一下:

"当多少——?"

哎,也这味儿。

"您给写十块吧!"

"十块?不要。两角!"

嘿!我卖废铜也卖三块两块的呀。

他想啊:你要十块!我给两角,你准不当。我一听:怎么着?给写两毛钱!这不是开玩笑吗?太欺负穷人啦,也许他不认识这叫什么吧?我呀,当啦!

"嗯?当啦?两角!"

"对,两角我也当啦!"

我一说当啦,他可抓瞎了。怎么?他不知道这玩意儿叫什么,没法儿写呀,喊不出名子来,账房先生怎么写票呀!他憋了半天愣给起出个名儿来。

"写……缺箍短襻,小铜草帽儿一对!"

啊!写账先生一听也乐了,外边儿下刀子了吧?要不干吗出来了铜草帽儿哇!"多少钱?"

"当洋两角。"

"哟,才两角钱哪!"

写完当票儿,连同两角钱递到我手里,我想着碴儿乐:噢,不认识铙钹,愣起名叫铜草帽儿。看起来呀,这位是外行,干脆,我拿他开心。离家挺近的,赶紧回去又抱一样东西出来。什么呀?也是场面上用的,打鼓佬用的那个"单皮",也有叫"板鼓"的,打出来,奔儿!奔儿!倍儿脆!这种鼓,苏州出的,买一件至少四十多块。到了当铺一看,这位还在柜上哪。

"先生,您给看看这个?"

这位心说:你算认准了我啦。拿起来分量挺重,再一端详,

还是不认识是什么。硬着头皮,还得问:

"当多少——?"

我一想,刚才要十块,你给写两角,这回多要点儿,看你写多少。

"您哪,给写五百块吧!"

"五百,不要。"

"写多少钱?"

"两角!"

他认准了两角啦,两角哇,五分也当,我这回看你给起个什么名儿。

"两角就两角,当啦!"

"当啦!"

好嘛,他这回更着急了,拿起来仔细看着,嗯,外头蒙的是皮子,四周围净铜钉,还是碎木头拼的,这可叫什么呢?他一翻个儿,哎,又给起出个名儿来。

"写……"

账房先生一听:噢,你还没走呐? 刚才收了一对铜草帽儿了,这回又不定是什么。

"写,乱钉攒凑,木头小皮盆儿一个!"

先生一听:木头盆儿也收? 明儿连铁皮缸也要啦。

这个段子里面"我"去当铺当铙钹和班鼓,都是唱戏的家伙什儿,可是临时值班的外行少东家不认识,还要不懂装懂地告诉账房先生写上"铜草帽"和"木头小皮盆儿",实在很好笑,我父亲根据他的经历改编、加工、创作,大大丰富了这个作品。

十、在吴铁庵家的前前后后

嫁父去世后，作为家里唯一的男人，我父亲成了家里的顶梁柱。父亲幼时在外省辛苦辗转了6年，什么样的苦都受过，什么样的难事都经历过，什么样的人都见过，他的眼界比别人要宽，做点小买卖，并不觉得是什么丢人的事。为了谋生，我父亲摆过酒摊，卖过烟卷，下街打过鼓儿，吆喝过破烂，给日本浪人当过家仆，给西洋人当过杂役，和京戏票房界打过交道，给票友说过戏，也当过倒腾戏票的黄牛，等等。各种找饭辙，东抓西搂，怎么也不够四五口人的生活。后来由拉胡琴的富子泉介绍到吴铁庵家中教戏。

说到吴铁庵，也算是当时老生行里的翘楚，梨园界一代名伶。吴铁庵生于1904年，自幼酷爱京剧，据说吴铁庵在十三四岁时唱一出《铁莲花》，不但做工老到，而且嗓子一点儿雌音也没有，当时人们管他叫"小怪物"。他请我父亲去教戏这年才15岁。当时业内人士都看好他，认为他是难得的须生奇才。

吴家家底厚实，非常阔绰，因此少年吴铁庵成了京城响当当的第一名票，平时把唱戏当玩耍，搭进去多少钱物也不在乎，只求一个美得爽快。家里雇着管家、厨子、老妈儿、鸟把式、跟包的、伙计，还有古典戏法教师，反正闲人不少。

那时，小吴老板刚收了个唱戏的徒弟，小名四海，大名毕绪庵，后来在国家京剧院当老师了。我父亲去他家，给这个小徒弟毕绪庵开蒙说戏，每月薪金拾元，而且管饭。

这时我父亲按照金九叔的方法坚持喊嗓子，有了些成效，能唱戏了，于是他也陪着小吴老板或徒弟唱戏，跑个龙套、演个配角什么的，得到些额外的收入。为了工作方便，我父亲又和吴家借了两间马号,把家眷接来住。吴铁庵除了北京的大小台口,还经常去天津、济南、张家口等各处唱戏。

年轻的吴铁庵爱好广泛,尤其喜欢传统中国戏法,家里雇着古彩戏法教师,购买和鼓捣了不少道具,他一有空就学两手,有时也露一手玩玩票。

据说有一年,吴铁庵在潭柘寺陪杨宝忠之父杨小朵消夏。庙里有位和尚,跟吴铁庵投缘,背着人教了他一套大搬运法,虽然知道的人不多,但是既然有人知道,自然而然就传开了。某年的10月,天气乍寒还暖时,有几位朋友在什刹海会贤堂小聚,其中就有吴铁庵。酒酣耳热之余,大家一再磨烦吴铁庵露一手给大家看看。吴铁庵在盛情难却之下说:"我敬在座每位一对正阳楼的清蒸蟹盖吧!"正阳楼是以卖胜芳大蟹、烤牛羊肉出名的,说完,吴铁庵就离席外出。大约十几分钟,跑堂的捧着热气腾腾的一大盘蟹盖进来,说:"这是吴老板的敬菜。"跟着吴铁庵也进来坐下吃螃蟹。在座的有人到厨房看看,果然有正阳楼的包装纸,问问厨子,的确是吴老板亲自送进厨房让蒸的,再打电话问正阳楼,果然是吴老板在柜上买了二十只蟹盖走的。以会贤堂与正阳楼的距离,就是坐汽车,也要半小时以后才能到达,一个来回,自然在一个钟头了,而吴铁庵能在十来分钟跑个来回,真可算神乎其技了。

我父亲在伺候吴老板学戏法和玩票演戏法的过程中,开始接触了这门与京剧大不相同的艺术。他贸然闯入了一个新天地,有些新奇,有些心动,特别是在张家口那次遇到万寿山以后,他开始在吴家有意识地"偷艺"了。

不过说实话,在吴家的日子,我父亲和一家人的生活是稳定的,说说戏,陪主人唱唱配角,偶尔陪着变个戏法,倒也轻松。如果日后没有变故,也许我父亲的闯江湖还会更晚一些。

我父亲来吴家两年以后的1921年,吴铁庵17岁,他和他徒弟嗓子变化了,大不如前,我父亲清楚,这两人是倒仓了。吴家的戏唱得越来越少,我父亲的收入也减少了。于是我父亲脱离了吴铁庵,另找人搭班唱戏。待离开后我父亲才听说,吴铁庵除了嗓子疑似倒仓以外,更惨的是得了"鼠疮脖子",跟我父亲第二个师父丁某得的是一样的病。根本不能唱戏,只要一卯上,就鼠疮蹦裂,余生唯有给人说说戏、操操琴。可怜这位富少名票,只活了28岁就郁郁而终。

此时,民国初呼声最大的名老生刘鸿升,在前门外西部树井第一舞台成立戏班,我父亲就投入此班,负责里子老生。什么叫"里子老生"呢?也叫二路老生,就是扮演比较次要一点角色的老生,这个行当原来大多数都是由"外"和"末"来充任的,后来京剧界人士笼统地都说是"里子老生",就不再分成"外"和"末"了。

做里子老生是件费力不讨好的活,一般由三种人充当,一是自愿自谦屈居二路的,二是败嗓之后仍然要靠唱戏谋生的,三是先天条件不足的,父亲属于第二种。父亲在《自述》中说:"挣这钱实在难挣,每夜场七点半开,我顶着太阳由德胜门骑着破车就得走,半夜一点也到不了家,由开场到大轴,都可能有你的事,临完挣上四五十个铜板。"

过去梨园行艺人说"搭班如投胎"。按照现在的意思是毕业生毕业后找工作是件艰难的事情。父亲离开富连成,第一次搭班遇上了班主刘鸿升,会怎样呢?刘鸿升出生于1874年,是京城很大一家刀剪铺的少掌柜,自幼酷爱京剧,有一副得天独厚的好嗓子。刀剪铺隔壁住着著名花脸穆凤山。穆吊嗓时,他就偷学,学了几段以后在家自娱自乐,被穆凤山听见,暗自称奇,青睐他,给他指点。唱红后，驰名北京各大票房，在票界众星捧月般的劝说下下海唱戏。下海以后，他一直唱花脸。在一次年终大反串戏中他反串老生演《空城计》，轰动沪上，从此改唱老生戏。因腿脚有疾，多演王帽戏等偏唱功说功的戏。虽然跛脚有剧目的限制，但他有一个好处是别人难以企及的，即常人没有的"水音"，不管多高的调仍然甜润，许多童伶和坤生都学他的唱法。

因为刘鸿升是票友出身，唱戏时有人故意刁难。据传一次演《捉放曹》，《行路》一场曹操应唱"秋风吹送桂花香"，陈宫接唱"行人路上马蹄忙"，唱词为"江阳辙"。这天扮演曹操的演员临场改唱"八月中秋桂花开"，是"怀来辙"，当时扮演陈宫的刘鸿升猝不及防，仍唱"行人路上马蹄忙"，与曹操的上句不合辙了，顿时台下报以倒好，刘鸿升一时恼火，竟和观众争论起来，说错不在他，是演曹操演员的错，他在"阴人"！观众不依，话赶话越吵越僵，气得刘鸿升没办法，回骂了观众一句，这下麻烦大了，惊动了官方，为此停演数月。刘鸿升深知戏饭难吃，但凭他的为人和演唱，赢得了观众，无论演什么戏，喝彩声接连不断。也正因为他的为人太过耿直，才招致恶势力的迫害，并致他于死地，使其艺术未能得到进一步发展。

刘鸿升是名票尚且遭到刁难，何况我父亲这样一个科班三年肄业且嗓音尚处在恢复期的区区无名艺人呢。在戏班里，主角是响蔓儿，里子老生"不过是聋子的耳朵——配搭"，人家有剧目的决定权，才不管你学没学过、会不会唱。而且这个班子的班风不好，管理混乱，艺人之间互相倾轧，像我父亲这样的好几个年轻艺人都受到挤对，看着大伙忍气吞声地混日子，父亲不服输的劲儿上来了：此处不留爷，自有留爷处。

他走出第一舞台，告别了奋斗十年的红氍毹。望着满天星斗，我父亲暗暗下了决心:我一定要打出属于我自己的一片天。

就在父亲脱离刘鸿升戏班的转年,1921年2月,刘鸿升再次应邀赴沪演于大舞台。21日刘鸿升贴演《完璧归赵》和《雪杯圆》,前场圆满结束,后出《雪杯圆》之莫怀古戏已扮好,但尚未出场,突然猝死于后台,年仅47岁,明显是死于黑手。田汉的话剧《名优之死》就是以他为原型的。

第一次搭班就遇上这么个"倒霉"班主儿,我父亲的京剧左右是唱不成啦,干脆彻底改行吧。

第二章 闯江湖

一、第一次变戏法

1920年冬天，在塞外明珠张家口，街头来了个卖艺的年轻后生，只见他肩挎一个白布包袱，手里拎着个提盒，虽然是风尘仆仆，却掩盖不住他充沛的精力。

初冬时节，口外朔风吹地，沙土漫天，人们走路都紧闭了嘴巴，生怕一不小心就吃一嘴沙子。年轻艺人初来乍到，也不懂撂地的规矩，往那一站，把带来的东西一件一件地往外拿。人们好奇地聚拢过来观看：这个变戏法的和别人不一样，用的东西讲究着呢，提盒又高又圆，红烤漆，高浮雕，搁在那儿没打开，看样子分量不轻。那包袱罩是精纺细白布的，崭新雪白。铺开一看，里面的东西更精致、漂亮，小碟儿、小碗儿、小罐儿都是官窑景德镇的瓷儿，画着粉彩，镶着金边儿。再听他一开口，道地的京片儿，北京话字正腔圆："各位叔叔大爷，大伯大婶，小人初到贵地，这厢给您行礼了！"说着，就拿起道具，当众变起戏法来。

这个变戏法的不是别人，正是我父亲常连安。可他为什么要来张家口呢？

话还得从他在吴铁庵家时说起，他陪吴老板到戏院唱戏，曾经来过一次张家口。提起张家口，又称"张垣"，位于河北省西北部，是冀西北地区的中心城市，是连接京津、沟通晋蒙的交通枢纽。明代嘉靖八年时，守备武将张珍在北城墙开一小门，曰小北门，因门小如口，又由张珍开筑，所以称"张家口"。1613年，张家口的旁边又建起了来远堡，这样以张家口堡和来远堡为基础，张家口成为蒙汉民族贸易交往的中心。

我父亲还听人讲过一个关于张家口的民间传说，是和山西人有关。据说山西太原府有个姓张的员外，曾做过两任太守，因年迈养老在家退隐林下。谁知元代末年，天下大乱，各路反王互相厮杀，张员外全家遇难，只有次子张斌在外幸免。

张斌年方三十，身强力壮，是把务农好手。全家遇难后，他悲痛万分，但不知被哪方人所害，急忙跑回家，料理完丧事，不敢久留，一直朝外逃去。路上他看见到处骚乱，老百姓无处安身，寻思不如到北边找个立脚之处，糊口度日。于是，直奔塞外而来。在路上他听人说，谁敢到蒙古大漠往回贩运牲畜粮草，才是捞取银两的好营生。张斌心想：自己家破人亡，正无处投奔，不妨前往一试。出得山口，进了大沟，终于登上一望无边的大草地。原野茫茫，没有路径，张斌忍饥挨饿，不知去向何方。他猛地一想，自己在这草原上人生路不熟，即便碰见个把蒙古人，不懂人家的话语，又该咋办？越想越不妙，赶快回头，又顺来时的沟沟坎坎回到原来那道山口。这回，他仔细一观望，此处人少地多，地都荒芜不堪，想必没有头主，不如暂且在此把住这雄险山口，利用起口里无限的土地，安家务农，倒也快活。主意既定，他先在山下堡石造屋，又在河旁开土播种，一年以后，竟然落了个丰衣足食。几年工夫，地都集中到他家，人也都变成了他的帮手。张斌乐了。好事人就编出一个顺口溜："张斌在人后，成了大财主，田连田，亩连亩，南有大河滩，北有大山口，地成张家地，口成张家口。"顺口溜往外一传，传到张斌家乡，人们听说张斌得了张家口,纷纷离家前来投奔。种地的,耍手艺的,做生意的,卖力气的,五行八作人等都到处打听张家口。张斌开发出来的地方很快就成了山西人汇聚的天下。

明代天下大定,永乐迁都燕京,得知塞外边关出现了这么一个人多业茂的重镇张家口,恰巧是边关咽喉,北门锁钥,就派来重兵镇守。在张斌地盘上的山口盖起一个大境门建起一座大城堡。张斌在此发迹后,又干起了买卖生意,包揽四处货物,方便了乡亲们的吃喝穿戴,又和蒙古人来来往往,贩运牲畜皮毛,实现了他爹原先的愿望,成了张家口的首户。常言说得好,树大招风,势大惹祸,终于朝廷闻报,张家父子在边关勾结胡人,图谋不轨。张家父子遂被投入堡内监牢。幸亏张斌早年为人,一些乡亲买通狱卒,连夜在堡墙北面打开一个窟窿,帮他趁黑逃出,直奔口外而去。这就是张家口来历的早年传说。

19世纪,张家口逐渐成为陆路大商埠,是誉满中外的"皮都"。1909年,詹天佑工程师设计的我国第一条铁路——京张铁路建成通车,大大促进了张家口近代工商业的发展,到处摊铺栉比,商贾云集,剧场戏园也有很多。当时庆丰戏院是张家口最大的戏院,据说戏院老板有钱,他从美国进口了十六根原木,把剧场支撑起来,就坐落在怡安街上。

我父亲在戏没开锣之前,随意地在怡安街逛荡。怡安街上非常繁华,有好几处明地,观者如堵。有一处围观的人最多,大家都在聚精会神地看表演,我父亲进去一看,一个身材魁梧的壮汉,披了个大红色祥云图案的"挖单",一翻一抖,不断变出水果食物、花盆高塔,再看他身上,不过穿了个普通的藏青长袍,似乎比常人穿的长些,但就像个聚宝盆一样,取之不尽,用之不竭。"我要金鱼,快变

57

金鱼呀。"一个半大小子在人群里兴奋地大喊。"我万傻子,啥戏法都有,要金鱼,金鱼就来,金鱼出来喽,金鱼在鱼缸来。"挖单搭在左肩,下蹲,右手一个利索的出托,甩落挖单,万傻子手里突然出现一个鱼缸,小金鱼在玻璃鱼缸里摇头摆尾地游着,那少年十分欢喜地拍手,众人也是齐声叫好。咦,这买卖不错,自由自在,说说笑笑,但不知能挣多少?那汉子打杵(行话,要钱的意思)时,我父亲留神观看,谁放了几个铜板,他就在心里累计,发现此人一个买卖下来竟挣了十七八个铜板,倘若这样半天下来,收入不仅不比唱戏差,似乎还更强些。原来这个绰号"万傻子"的艺人就是当时名震四方的戏法艺人万寿山,是新中国成立后东北著名魔术师万子信的父亲。

从张家口回来以后,父亲对古彩戏法发生了浓厚的兴趣。他本来就是个心灵手巧的人,无师自通地学会了木工、金工和漆工,用心琢磨戏法的"门子"(秘密机关),自己动手做了些道具,就想出去谋生。可是自己没练几天,也没有撂过地,像北京、天津这样的大码头不敢露怯啊。可没有营生,眼瞅着家里又快揭不开锅了,怎么办?只有跑外路码头,豁出去栽俩仨跟头,没有过不去的独木桥。于是,我父亲带着太太、妻子,一家人来到张家口。

这时,我父亲已经变完了两个手彩戏法:一个是九连环,一个是仙人摘豆。这两个小戏法他平时练过多次,手法娴熟,来去自如,赢得一阵阵喝彩。可是变完了这两套,我父亲连一个铜板也没挣上。为什么?他不会打杵啊,他之前是唱戏的,唱戏没有打杵这一说,谁见过演员在舞台上唱完了,带着妆向观众要钱的?再者说他学戏法也没拜师,不会说要钱的"纲口"。他怕一要钱,观众就散了不看了。既要打上钱又不让观众走开,这里学问大了去了,我父亲头一天上买卖,还不懂呐。

这时父亲见围观的人群兴致很高,也来了兴致,他抖抖手里的"挖单",要给大家来一个"挖单变碗"。可就在他一手扶"挖单",一手伸进去往外掏的时候,那个"门子"突然不灵了,坏了,抠不出来。原来,道具是戏法的第二生命,制作"门子"除了要精细以外,还要把天气变化等因素考虑进去,比如热胀冷缩等。因为张家口比北京冷得多,"门子"的位置发生了细微的变化,不在它原来的位置上,所以父亲第一次失败了,没取出来。他越是着急越取不出来,观众们大眼瞪小眼地盯着父亲那只手,有的人等不及扭头走了,有些人窃窃私语。父亲急中生智,再一次做了个假动作,吸引观众的视线,又说了声"这下有了",当他把那只青花瓷大碗变出来的时候,头上、身上已是汗水涔涔。

自己第一天变戏法就差点变"漏"了,哪好意思要钱呢。我父亲归置一下道具,就要收摊走人。一位大爷见状连忙走上前说:

"哎呀,小伙子,使不得呀。你大老远从北京城来这里给我们表演戏法,没得到我们众人的半点资助,怎么能就这样走了呢?"

说完,老人掏出两个铜板塞给父亲,围观的人把一些零散的铜板纷纷递到父亲手里。父亲被感动了,冲大家一拱手,连声说:

"感谢诸位父老兄弟、叔叔大爷捧场。明天再给大家变更好看的戏法。"

等人群散了,父亲看到有一个人没有离开,那人径直走到父亲面前说:"爷们儿,使彩立子差点抛托了?"

父亲让他给说愣了,根本不懂他在说什么。那个人笑了,接着说:

"和你盘道呢,看来这位兄弟连春典也不懂,就敢来跑码头?我劝你还是打道回府吧,这开口饭不是那么好吃的。"

这人提到的春典,按现在话说就是术语、行话,不是外行人误解的说黑话,而是旧江湖同行同业之间打交道时,互相使用的一种暗语,以保守业务以及内部的秘密。它凝聚了江湖三教九流共同的认识和经验,有了它你才可以在江湖上混,有了它你江湖上的饭碗才端得牢。江湖那些跑码头撂地、靠口巧舌来挣钱吃饭的生意人,江湖称"八门",即金、皮、彩、挂、评、团、调、柳。金是算卦的,皮是卖药的,彩是变戏法的,挂是练把式的,评指说评书的,团指说相声的,调是卖烟土的,柳是唱大鼓的。尤以彩门术语最为严谨,例如戏法的秘密叫"门子",十分简练、准确。他说的"彩立子"是古彩戏法,"抛托"是失手变漏了。过去冲州过府的艺人,在登门拜访和投靠码头时,若能说出一口流畅的江湖术语,就可以被当作"自己人"看待,给予某些方便和优待。反之,就会受到轻视和排斥。

我父亲坚决地说:

"回去?我不回去,我还得用这买卖养活老娘呢。"

那人笑了。父亲见来人并无恶意,就把自己来张家口变戏法的缘由从头到尾说了一遍,道出自己"常连安"的名字,并请教那人尊姓大名,那人听了十分同情我父亲,就说:

"我叫赵希贤,也是变戏法的。我刚才看了,你确实有唱戏的功底,身上有戏,手法不错。不过你要想挣到钱,还得再多学一些撂地的规矩。而且你是单包活(一个人撂地),就得使'纲口',要边说边变,口里不能闲着,这样才能长买卖。"

父亲听赵希贤讲得条条在理,知道是遇到了古道热肠的好心同行了,激动得连连作揖叫大哥:

"赵大哥,恕小弟初来乍到,不懂规矩,您教教我吧。"过去有句俗话:"宁舍一顿饭,不舍一句典。"我父亲在异地他乡第一天变戏法就受到同行的指点,那真是莫大的帮助。赵希贤是我父亲第一次撂地遇到的"贵人",他同情我父亲的遭遇,爱护我父亲的才气,在我父亲一家最艰难的时候援之以手,可谓是患难之交。

第一天上地,父亲挣了7块铜板,结识了后来成为我们"二爷"的赵希贤,他就是著名相声表演艺术家赵佩茹的父亲,世居北京,也是满族人。

等我父亲第二天上地时,就用上了刚从赵希贤那里学会的"锣经",一般是这样念:"一请东方甲乙木,二请西方庚辛金,三请南方丙丁火,四请北方壬癸水,五请中央戊己土。"念完变完。这天开工很是顺利,多做了好几个买卖,挣了六七十枚铜板,有了这些钱,一家人的吃喝住行有保证了,父亲心中别提有多高兴了,收工后一路踩着京戏"得胜令"的锣鼓点回到家。我太太听说了这两天发生的事,也十分高兴,说:

"老天爷饿不死瞎家雀,没想到你唱戏不成,倒靠上这门手艺。咱人生地不熟的,人家这么帮咱,咱得好好感激人家。"

父亲听了太太的话连连点头。俗话说,在家靠父母,出门靠朋友,要想在这一行里扎下根,一定要交几个志趣相投的朋友。

二、张垣五结义

过了几天,我父亲拎了些点心去拜访赵希贤,一进门,就听见有人朗朗诵读:"后汉三国,有一位莽撞人。自从桃园三结义以来,大爷姓刘名备字玄德,家住大树楼桑。二弟姓关名羽字云长,家住山西蒲州解梁县。三弟姓张名飞字翼德,家住涿州范阳郡。后续四弟,姓赵名云字子龙,家住真定府常山县,百战百胜,后称为常胜将军……"

我父亲循着声音看去,一个六七岁的小男孩正冲着土墙背《八扇屏》中的大段贯口"莽撞人",童声清脆,字字入耳,只听他越背越快,到最后张飞骂曹那段小趟子就像炒崩豆一样脆爆。"这是我儿子宝琛,正在学说相声呢。"我父亲有些不解地问:"子承父业,不是该教他学戏法吗?怎么学开相声了呢?"赵希贤说:"开始也让他学戏法来着,后来焦少海来串门,觉得这小子天赋好,有说相声的潜质,不学相声可惜,就收了做徒弟,他可是寿字辈里第一个收徒的。""焦少海?是相声前辈焦德海的公子?""对,他主要在京津一带,有时也来张家口,回头我给你介绍一下。""好哇。"

在张家口,我父亲通过赵希贤,认识了辛文利、焦少海等人。辛文利年龄最长,古彩戏法艺人,擅长大型的戏法,也是撂地的"掌穴",即我们现在所说的经纪人。

焦少海,1899 年出生,出身于相声世家。其父为相声名家焦德海。因张寿臣是其父亲的徒弟,住在家中,故与张寿臣同时学艺,1914 年拜范瑞亭为师,艺名焦寿海。他是有名的肚囊宽,会近二百个相声段子,那时已蜚声相声界了。

我父亲跟这些世家子弟、行家里手比起来,只不过是一介新人,但是他虚心好学,肯于钻研,在科班养成了"曲不离口,拳不离手"的勤快作风,一心扑在艺术上。功夫不负有心人,短短几个月,我父亲无论是演戏法、说"纲口",还是唱太平歌词,都有过人之处。父亲经常和他们一起"联穴"演出,辛、赵的戏法要想变得精彩,离不开父亲的"卡活"(往身上装东西)和"门子",渐渐地,我父亲也小有名气了。

转眼到了 1920 年底的腊月,张家口天寒地冻,在北市场附近的一家小饭馆里,炉火烧得正旺,父亲和几个年轻人围坐在一起,为刚从北京来张家口的陈桂林接风。陈桂林大名叫陈贵鑫,后来改名叫陈荣启。他是焦少海的师弟、评书艺人陈福庆之子,早年的经历与我父亲极为相似,9岁学唱京剧,因为嗓子的原因改说相声,拜范瑞亭为师,在北京天桥撂地演出。他那年才16岁,但是少年老成,想问题想得比较深,骨子里天生叛逆,听说他是因为不满天桥撂地的"荤口"和"伦理哏"才离开那里的。这天陈桂林穿着一件青色长袍,见他少年丰仪,自带清华,嘴角刚毅,眉毛高挑,露出几分不羁。他吃着饭,突然停住说:

"我就想不明白了,为什么说相声一定要臭包袱才响呢?我偏不说。"

他的这些话引起了大家的共鸣,七嘴八舌地议论起来:

"是呀,都说艺人地位低,是因为咱们自己把自己做低了的。""大家都怕使'净活'(说干净相声)没有人听,不置杵(挣钱)饿肚子。"

桂林听了大家的议论,挑挑眉毛,更加决绝地说:

"饿肚子我也不说。还有伦理哏,我更想不明白。说相声的也是人,有谁愿意自己的父母兄弟姐妹老婆让人骂来骂去的,连地下的祖宗都不能安静地躺着。如果非这样说不可,我宁愿不干了。"

陈桂林的抗议不是针对哪一个人,而是谴责当时社会风气的败坏,说出了当时有思想的从艺者的心里话,大家也像陈桂林一样发出愤慨。我父亲也一生奉行不说荤活和伦理哏的原则,在他后来办的启明茶社中,第一条要求就是说干净相声,他教育我们子女说相声要说"人话",不说荤活和伦理哏。

几杯烧酒下肚,大家越谈越热络,从五四运动以来的社会进步形势聊到大众文化的市场前景,从北京聊到天津,从天津聊到张家口,从大环境艺术的发展聊到个人对未来的设想。真是酒逢知己千杯少,人人都有相见恨晚的感觉。

我父亲提议说,既然我们相识相知,惺惺相惜,何不仿照三国演义中的桃园三结义结拜兄弟呢?

大家说好唉,正合心意。于是焚香斟酒,兄弟五人共同向天发誓,义结金兰:

"苍天在上,今有辛文利、赵希贤、焦少海、常连安、陈荣启五人结成异姓兄弟,金兰之盟。从今往后,有难同当,有福同享,肝胆相照,两肋插刀,不能同年同月同日生,但求同年同月同日死。一生一世,永不分离。"

按照齿序,大哥辛文利,二哥赵希贤,三哥焦少海,我父亲和焦少海是同年,但是晚生几月,排在第四,五弟是陈荣启。我父亲以后在圈子里被称为"老四""四叔""四爷",这个排行就是打这儿论的。我父亲7岁丧父,从小没有兄弟姐妹,"孤独一枝",现在有了这些结拜兄弟,手足之情,情深义重,感到非常的温暖。

这五个人在艺术上不断进取,发展得都非常出色。在生活中及为人方面也都是严谨的,没有什么不良嗜好。大爷辛文利,20世纪50年代在北京天桥还能看到他,表演大型魔术"空箱大变活人",成为北京城家喻户晓的大魔术师。二爷赵希贤在研究和制作民间古彩戏法道具方面颇有成绩和影响,他的儿子赵宝琛后来以"小龄童"出道,成名很早,30年代和我的大哥组成黄金搭档,改名赵佩茹。三爷焦少海相声捧逗俱佳,语言干净隽永,抖包袱适时脆响。他对爱徒赵佩茹倾注了大量心血,在徒弟学艺期间,他为徒弟捧哏。在徒弟出师后,师徒仍然合作,互为捧逗,也曾拜师习学评书《永庆升平》,可惜未能成功,于是仍改回本行说相声。徒弟有刘奎珍、李洁尘、张宝珍、李润杰等。

五爷陈荣启的经历最为传奇,他在张家口怡安市场说相声,履行了他自己的主张。他"逗哏"时不骂人,"捧哏"时怕人骂。尤其讨厌《牛头轿》那段相声。一次他"量活",在"捧"完这个段子后,他当着观众的面说:

"你们骂人和挨骂都那么自然,就不嫌难受吗?说相声上骂三辈儿,下骂五辈儿,不就是为混口饭吃吗?这样的活我以后绝不再使!"陈五爷给人"量活"时挑活,一次和一个比较有名气的"角儿"合作,说《反七口》,他说:"这活我不使,拿我父母抓哏我不干。"这位"角儿"换了一段《反正话》,他还是不使。再改《牛头轿》,陈五爷问:"你再换一段成吗?"那位"角儿"不干了:"你是干这个的,指着这个吃饭!有能耐别说相声啊!"陈五爷当时就怼回去说:"好!不干了,我走!"从此不再说相声,他是相声圈里第一个站出来反对低俗相声段子弃"口"改"评"的人。1957 年侯宝林先生在一次讲座上说:"早有人要净化相声艺术,我们今天更要反对低俗的包袱,净化语言,要向陈荣启先生学习。"

陈五爷毅然弃相声,宁可饿肚子也改学评书。他拜了擅长说《施公案》的名家群福庆为师,后成为评书名家。20 世纪 20 年代曾赴大连、营口、烟台、天津等地演出,曾居营口说书六年,颇受当地书迷欢迎。1929 年返回北京说书,为侍奉老母,不再远行。陈荣启以说《精忠传》最为精到,表演以平稳、细腻、深刻见长。其中《岳母刺字》《虎帐谈兵》这两段书虽然很"文",但他的表演却文而不温,深刻感人,最为脍炙人口。当年的启明茶社只有一场评书,而且是每天中午的 11 点至 13 点,上座率最为清淡,我父亲唯独请的就是他,可见他的说书水平之高。

《曲艺》杂志 2008 年 2 月发表陈荣启徒弟马岐回忆先师的文章,里面提到曲协老一辈评论家冯不异先生对陈荣启的艺术评价,

20世纪30年代常连安与常澍田等在天津义结金兰(第一排左二常澍田、左三桑振奎、右二常连安;后排右一高德明、左一韩德荣、左二曹宝禄)

说他一上台,可称得起是"座谈今古事",说起书来三成亲切,三成幽默,两成流利,两成含蓄。袍带书说得有霸气,短打书说得有帅气,语言句句清晰,不喊、不唱,四平八稳,可谓段段扣人。中华人民共和国成立后,中央人民广播电台录播了他的《虎帐谈兵》。1959年陈荣启参加了北京宣武说唱团,1972年因病去世。陈荣启是相声名家张寿臣的一生挚友,后来我大哥拜张老,就是他做的引、代师。

三、什刹海放河灯

1922年5月5日,我大哥在张家口出生,父亲给大哥起的名字叫"柱子",家里顶梁柱的意思,盼着他赶快长大成为家里得力的帮手。辛大爷、赵二爷、焦三爷、陈五爷都来家中道喜,祝贺我父亲喜添贵子。那阵子父亲高兴得走路都带着风,上买卖更卖力气了,收入稳中有升,眼瞅着小日子越来越红火。

在我大哥满百天的时候,父亲一家却回到了北京,原因是田英妈妈天生身子骨瘦弱, 生完我大哥就更弱不禁风了, 而且得了哮喘,再也禁不起口外冬天的严寒,也禁不起跑码头居无定所的折腾,所以打算哪儿也不去、定居北京了。太太要照顾孙子和媳妇,也只得随着这娘儿俩回京。我父亲的艺术生涯兴起于张家口,而且在那里有结义弟兄们和观众的号召力,他本心是不愿离开那里的,但是为了安顿这一家老小只好洒泪惜别。回到北京后,父亲在什刹海附近的市场里摆地,每日里依旧以变戏法为生。

什刹海包括前海、后海和西海三个水域及临近地区,俗称“后海”。什刹海也写作“十刹海”,四周原有十座佛寺名刹,故有此称。据说,后海的水域连着故宫的龙脉,从古至今都是风水宝地。所以,高僧们在这里修寺建庙,而王公大臣们则在岸边筑府造园,名人们也纷纷迁居湖畔,开始了后海边上最初的水岸生活。因此俗语说:“先有什刹海,后有北京城。”从清代起什刹海就成为游乐消夏之所,为燕京胜景之一。

20世纪20年代的老北京,除天桥以外,属这里热闹。沿河两岸,茶棚迤逦,供游人歇息喝茶。茶棚都设在柳岸荷丛之间,用芦席架起一座座高于堤岸的水榭。下面是坚木支架,插在河泥中,上铺木板,顶盖芦席,好像一座座傍水高台。高台边缘,伸向水面,俯视荷塘,均在眼底,这就是什刹海茶棚纳凉“胜境”。《帝京景物略》有“西湖春,秦淮夏,洞庭秋”句,赞美什刹海的神韵。附近鳞次栉比的王府、四合院、胡同等自然与水景融合,行人、游客往来如梭。

在后海西河沿6号,住着一户姓赫的人家,满族镶黄旗人,铁匠手艺传家,专做民间工艺用品,平时扎些河灯、做些兔儿爷,摆个摊卖。这户人家有哥儿俩、姐儿俩,大女儿远嫁蒙古,二女儿名叫淑卿,十七八岁的年纪,还没找人家,平时在家帮摊,她家的摊位就设在杂耍场子的旁边。

这会儿,正在帮摊的赫淑卿走神了,旁边那个年轻戏法艺人变的一套"仙人摘豆"戏法吸引住她的目光。

仙人摘豆是中国传统手技类魔术,由宋代的幻术"泥丸"衍化而成。这个小戏法的道具很简单,就是两只瓷碗和五颗豆子。只见他把几个圆滚滚的红豆放在一个小瓷碗中扣住,他可以随意地把里面的豆转移到另一个碗里,或者放入更多的豆。艺人使用手技的技巧,让观看者以为他把豆放在某个碗里,其实他已经换了地方。

年轻戏法艺人一边变一边说着"纲口":

"这叫一粒下种,这叫二龙戏珠,这叫三仙归洞,这叫四季太平,这叫五鸟归巢。"

年轻艺人的双手异常灵活,神出鬼没,五粒红色的"豆子"一撮一捏,一捻一握,忽隐忽现,忽来忽去,手法之娴熟到了随心所欲的地步,即使观众围成四面也丝毫看不出破绽。众人为变戏法艺人精彩的表演大声叫好。

正值盛夏,大柳树虽能遮住些日光,但挡不住北京湿热的暑气。不多时,年轻艺人脸上沁出了汗珠。打完两遍杵,他感到口干舌燥,他舔了舔嘴唇,这时一碗茶水送到他的面前,

"常大哥,您喝水。"

他抬头看,正是旁边摆摊的那位姑娘,连忙道谢:

"淑卿姑娘,又麻烦你了。"

哈哈,你们猜对了,年轻戏法艺人正是我的父亲常连安,看摊和

送水的姑娘正是我的母亲赫淑卿，不过那时他们才刚刚认识不久。

两人交谈起来。我母亲怀着女儿家的好奇心走近我父亲的戏法世界，她已然看了很多天的戏法，还是百思不得其解，她就是想知道我父亲怎么把 5 个小球变没有的。

在她的强烈要求下，我父亲答应她可以看看道具，戏法道具是不能给外人看的，一旦"泄密"，戏法就失去了神秘感。她先拿起小碗观看，虽说质地是青花细瓷的比较精致，但也就是普普通通的碗，没有什么特别之处，她原本想象碗的上面可能有个小洞或豁口，看来并没有。她又去拿红豆子，"啊"，她吃惊地睁大眼睛，差点要喊出声来，父亲忙用食指放在嘴上，"嘘"了一声，她忙捂住了嘴巴。原来秘密正出自小小的红豆，看上去鼓蹦溜圆的却是个能捏瘪的橡皮球（现在是用海绵球），可以夹在手指缝里变来变去。我母亲通过看我父亲的表演和道具，才体会到艺人们所说"玩意儿是假的，功夫是真的"这句话绝对是真理，更佩服我父亲了。

我母亲那时非常崇拜我父亲，觉得他艺术好，有文化，人又幽默、健谈、能干，还不像一般的艺人有不良嗜好，反正什么都好。除了送水，看他一个人忙不过来，有时也帮他收拾一下道具什么的。两人说话很默契，谈得来，在一起有说有笑的，在一起的时间也越来越长。我姥爷好像看出苗头来了，他当然不愿意让女儿嫁给穷变戏法的，连忙托人给女儿说亲，还是和大姐一样，说的蒙古人，家里是有些钱的。我母亲得知后又气又怕，气的是根本不认识那人，怕的是要嫁到这么远，再说我母亲心中已经有了父亲，哪里肯答应别人，就对姥爷表明态度，说自己不想离家太远，坚决不嫁。

农历七月十五日为中元节，佛教界举行盂兰盆会，晚清以来，在什刹海附近的广化寺等寺庙，凡有条件的均举行规模不等的盂

69

兰盆会。盂兰盆会有一项重要活动是放河灯，放河灯之时，星星万点，波光激滟，色彩斑斓。人约黄昏后，灯火璀璨的后海边，母亲抱着一个荷花红灯，那是她自己亲手做的。她那天穿了一件毛蓝布洒茜红花绲百合边的旗袍，荷花灯把她的脸映得红扑扑的。她笑意盈盈，双手合十，许了一个愿，又让父亲许愿，然后对父亲说："你知道我许了什么愿吗？"父亲说："什么愿？"母亲带着羞涩小声说了句："我想嫁给你！"说完就一溜小跑去河边放河灯了。

转天我父亲没去什刹海变戏法，他一个人去张家口了。

四、北上寻夫记

我父亲离开北京是有原因的。他反复了比较了这两个城市，第一个是气候，北京夏天持续时间太长，高温、多雨，都不利于撂地。而张家口夏天比较凉爽，秋天开始的也比较早，雨量不多，这些对撂地人来说是好日子。第二个是北京的收入不如张家口，大城市的人不见得比小城市的人有钱，天下穷人一般穷。第三个原因是他觉得自己的古装戏法还不到家，只会几个小型的手彩和落活，而落活并不是他所擅长，他想到张家口拜师学艺，摸索出一条适合他个人发展的道路。最后一个原因就是想逃避在什刹海发生的爱情。青年男女的自由恋爱现在看来再正常不过，但是在当时，大多数人还是依照媒妁之言、父母之命的封建规矩来决定自己的婚姻，自由恋爱是我父亲想也没敢想的事情，这些天来和母亲的接触、母亲放河灯时的大胆表白让他有些发蒙，他要想一想自己应该怎么办。在没想清楚之前，他不敢面对母亲火热的目光。所以他没有征兆地离开了北京。

母亲一连几天没看到父亲的身影，心里空落落的。然后就到处寻找他，她通过多方打听，知道父亲回张家口了。可是他为什么不给我留个口信呢？对于父亲突然的不辞而别她感到委屈和迷茫，但是母亲的性格是如此的泼辣，对待爱情是如此的执着，我父亲的离开不但没有让她忘却，反而加重了母亲的思念和因思念而产生的最强烈的爱情。真正的爱情就是世上有那么一个人，别人是无法代替的。这期间，内蒙古那家人过来下了定亲礼，我母亲心里更是万分的焦急。

于是她做了一个大胆的决定，要去张家口找他，找到他，当面问问他为什么要离开。那个年头到处不太平，何况一个孤身女子，路上该有多么担惊受怕！姥姥、姥爷坚决不让她去，无奈她心意已决，连夜背着家人，拿着平时攒下的零花钱，跑出家门，不管外面漆黑一团，不顾一切，只身北上寻"夫"。后来我们问过母亲，夜里"私奔"怕不怕？她说怕啊，怎么不怕？可是更怕嫁给那个不认识的人。

在偌大的城市找人，如同大海捞针，茫茫人海，可怎么找啊？但我母亲很聪明，她想既然父亲是变戏法的艺人，他就要去热闹的地方，对，市场。母亲下了火车，就向人打听哪里热闹，哪有市场，人们告诉她往前走，在宝善街南头，有个"大同市场"，也叫"八十间房"。母亲就奔那里去了。到了市场一看，净是小贩贩卖山货、鞋帽、日用杂品的杂货摊，卖各种小吃的吃食挑儿。这边厢空地上搭着个大棚，围着木栅栏，空气中弥漫着动物粪便的味道，原来这里有跑江湖的马戏团，一个少年骑着枣红马边跑圈边做着蹁马、跳马、立马、倒立、飞仙脬马、镫里藏身的表演。那边厢，锣鼓点"当当当"敲个不停，小孩子们正围着个耍猴的艺人，看他们最爱看的猴戏。母亲找遍了整个市场也没有看见父亲的身影，她失望地离开这里。这个大同市场在 1924 年大水以后永远消失了。

她按照路人的指引又走过了几条街，来到了"东安市场"。白天的"东安市场"，主要是商贩的天下，布匹估衣、针头线脑、日用杂货、甜食小吃，应有尽有，叫卖声此起彼伏，逛市场的人熙熙攘攘。从一大早，母亲一直走路寻人，顾不上吃饭，肚子饿得咕咕叫，来这里一看，张家口美食真不少，什么柴沟堡熏肉、怀安豆腐皮、阳原炸黄糕、马市口一窝丝饼、阳原圪渣饼、莜面栲栳栳、莜面饺子等，和京城的口味大不相同。她花了几个铜板，吃了一碗莜面面条和两个麻油饼，等着夜晚的到来。

晚上，东安市场内的"席片园"就热闹起来。"席片园"是专为唱大戏、说书的而设，园内设有座位。晚上演出时，伙计就站在门口大声招揽观众。"席片园"的票价视演员、剧目及观众的多少随时涨落。当时的大买卖家每到逢年过节，便自家出钱、出人请梨园名角来唱戏。正月里，上、下两堡整日唱戏之声不绝于耳，戏迷们奔走于各戏园之间，好不热闹。光绪年间名噪京、晋、蒙的名伶都在张家口献过艺。有句顺口溜："夕坐槐下闻鼓声，一曲秧歌醉山人。"说的就是当时的情景。到了民国二年，"东安市场"最兴盛的时候，小戏《王二嫂思夫》《出口外》等每场演出都客满。

"席片园"外面的空地，往往就是杂耍艺人撂地的地方了。马上就要找到他了！我母亲的心怦怦地跳着，寻了一处又一处，耍枪弄棍的、唱大鼓的、卖药的……挨个摊子看去，生怕落下错过。好容易找到几个变戏法的，挤到人堆里一看不认识，整个晚上母亲的眼睛都望酸了，连我父亲的影儿也没瞧见，母亲眼里希望的火焰一点点熄灭。戏法变完了，杵门子的时候，母亲随手往笸箩里放了几个铜钱。看她散了场还不走，戏法艺人诧异地看着失魂落魄的母亲：

"姑娘，你有什么事吗？"

母亲着急地问他们：

"你们认识常连安吗？他也是变戏法的。"

"我们是从赤峰来这里的，不认识你说的人。"

"那你们知道还有别的市场吗？"母亲急切地询问。

"这是桥东，桥西还有个市场。你到那里找找。"

原来张家口境内有大清河穿过，把城区分成桥东和桥西两部分，火车站在桥东，所以我母亲下车找了半天还只是在桥东，并未到桥西。"真的？"母亲眼里闪过一丝光芒，心中又燃起新的希望。

第二天，母亲来到桥西玉带桥一带的"东市场"。这个"东市场"是张家口最早自发形成的杂货市场，从清末到民国初年一直很热闹，除了出售土特产的农民摊贩外，还有当地出售小吃喝及各种杂货的。传入张家口的说书唱曲、打把式卖艺的民间娱乐活动也在市场内占地撂摊。这天正值大集，市场里热闹非凡，桥西虽然比桥东形成晚，但是由于有大境门和堡子里以及毗邻重镇来远堡，经济上后来居上，张家口的经济文化中心逐渐从桥东转移到桥西了。

这是母亲寻找父亲的最后希望所在，母亲的目光在每一处人群驻留，从每一个表演者的面部逡巡，生怕错过父亲。突然一阵喝彩声传来，一个戏法班子正在表演大型魔术戏法《大变活人》，场上，一个彩衣童子钻进一个箱子后，再打开箱子人就不见了，人们正在纳闷，人变哪里去了？突然，那个童子从人群后面跑了进来，变戏法的中年人向大家拱手作揖，母亲看看场上和班社的演员，都很陌生，并没有她所熟悉的那张面孔，她又一次大失所望。最后，她还是没找到父亲，她神思恍惚、漫无目的地走到一块无人的高地上，俯瞰熙熙攘攘的市场，她禁不住要高声大喊："常连安，你在哪儿呀？"

但是她没喊出声来,不争气的眼泪落了下来。

母亲又慢慢往回走,回到刚才那个杂耍场地,她惦记着像昨天一样,等散了场问问艺人们父亲在哪里。这时场上换人表演了,她在人群外面看不清,可是听声音怎么有点儿耳熟呢?母亲就往前挤,终于能多看到一点里面了。

只见这个戏法艺人不高不矮,不胖不瘦,身穿月白色仿绸大褂儿,手里耍弄着两个圆筒圈似的东西,左手先转起来一个筒圈,前后、上下、里外给观众看了,又转一个圈,前后、上下、里外都看了,他高喊一声:"罗圈里没戏法。"他把两个圈套在一起。右手里托着一块红盖布,一撩一翻给大家看,又高喊一声:"浮单上藏不住。"这时他把浮单蒙在罗圈上,嘴里数着:"生——长——开"三个字,"开"字语音未落,他快速揭下浮单,从罗圈里拿出一把大香蕉,向观众高高托起,随后不断从罗圈里拿出彩物,向四面观众展示,当他的脸看向母亲这边时,啊,正是他,我的父亲常连安!母亲激动地从人群中挣歪出来,大叫一声:"常大哥!"跑到父亲面前,笑呵呵地看着他。父亲开始愣住了,随即认出了母亲,"淑卿?!"他又是惊,又是喜。

月光如水,旅店小屋里,母亲和父亲正在彻夜长谈。

父亲说:"淑卿,我知道你对我好,可是我只是一个穷变戏法的,不能给你什么,跟着我只能吃苦。"

母亲说:"我不怕吃苦,我只要和你在一起就很快乐。"

父亲说:"可我已有家室,不能再娶你做正妻了。"

母亲说:"我不要什么名分,我只要和你在一起。"

父亲说:"我到处跑码头,居无定所,我不能连累你吃苦。"

母亲说:"我愿意和你一起跑码头,你去哪我跟你到哪。我身体好,做得动,和你在一起我不觉得苦。看不到你才是苦,这些天我找你找得好苦,如果找不到你我可怎么办啊?我心里只想着你,我离不开你。老天爷让我找到你了,这就是天意了,说明我们有缘。今后我们不要再分开了,让我在你身边好好照顾你,我帮你挣钱,我给你生一大堆孩子,等长大了他们也能挣钱,我们的生活会好起来的。"

父亲听了很受感动。其实,他心里是有母亲的。这些天来他也在思考,冥冥中似有天意让他们在什刹海相识,相互倾心的谈笑使他尝到初恋的甜蜜。在闯荡江湖的艰辛岁月里,有这样一个红颜知己死心塌地地跟着他,岂不是前世修来的福吗?我求之不得啊。再者,站在淑卿的角度看,她一个弱女子,千里迢迢来口外找我,非常不容易。如果我不接受她,她跟家里怎么交代?外人怎么看她?我岂不是毁了好端端一个女儿家的清白名声?我怎么能做那样的人呢!于是父亲欣然接受母亲,他们在一起了。

父亲告诉母亲,这次来张家口找到了他最崇拜的戏法大师万寿生,学会了新节目《罗圈当当》,行话叫"罩子",他觉得这个中型戏法很适合他。后来接受万寿生的建议,拜了刘德顺为师,不断打磨这个节目,并改名为"罗圈献彩",成了他的当家本领。由于父亲的刻苦钻研,把这一节目传承下来,并自成一派。关于父亲对这个节目所做的贡献,天津魔术师曾国珍有过评论:当时一些民间艺人表演时不知道美观,用破破烂烂的罗圈,补丁摞补丁的浮单,大大影响了节目的观赏效果,而常

常连安正在表演古彩戏法《罗圈献彩》

连安的表演则遵循他一贯重视道具美的特点,从表演动作、语言上默契配合,形成整体的美感。父亲表演的《罗圈献彩》作为最具有民族特色的传统古彩戏法代表作之一,被写进《中国魔术》这本经典著作中。

阴历年底的时候,父亲和母亲双双回北京过年。太太看到母亲身体健壮,性格爽朗,又是我父亲的好帮手,十分喜欢她,就拍板做主,为我父亲操办新的婚事。1923 年春天,父亲、母亲举行了婚礼,喜结连理,宴请了亲朋好友,办得风风光光的,姥姥、姥爷一家也皆大欢喜。新婚没几天,父亲、母亲又踏上了跑码头闯江湖一起打拼的征途。

多少年后,我们这些做子女的长大成人,见证了父母共同携手几十年,你遮风我挡雨的互敬互爱,同甘苦共患难的白头偕老,为我们树立了家庭成员和睦相处的榜样,赢得了子女的佩服和爱戴。关于我父亲的两次婚姻,外人常有好奇的猜测和无端的误解,但通过今天我们如实披露这段情史,应该恍然大悟了吧。而且,人世间的至情真爱,难道不也像当年我父母亲什刹海放河灯许愿一样,既浪漫又伟大、既美好又实在的吗?

五、太太认下郭老姑

自 1923 年到 1930 年之间,我父亲带着母亲,后来还有我的姑姑、我大哥、大姐,一起撂地卖艺。先是到了天津,再由天津到南京、奉天等地作艺,随后在张家口、丰镇、平地泉、烟台、大连、青岛、济南、营口、唐山等处演出,走南闯北,备受艰辛。

说到我的姑姑,我父亲原来有个亲妹妹叫小红,但几岁就因病夭折了。这个姑姑是后来太太认下的,这里面还有一个感人的故事。

1923年底，父亲还在外面跑码头，北京正值腊月天，天寒地冻，俗话说:腊七腊八,冻掉下巴。一大早,太太出胡同口买菜,看到有两个女孩衣衫单薄,互相偎依着,头发蓬乱,还沾着枯草。大一点儿的女孩看上去有十五六岁, 用颤抖的声音乞怜着:"大叔大婶行行好,给口饭吃吧。"小女孩很小,也就三四岁,在破麻袋和乱草堆里冻得缩成一团,发出嘤嘤的哭泣声。太太一看,心里非常不忍,"哎呀,这是谁家的闺女?可是迷路了吗?"众街坊纷纷说道:"我一早晨出来,就发现她们在这里。""可能是从外地逃饥荒来的,大冷天的多可怜呢。""这么冷的天也不能总在外面待着啊!"太太说:"闺女,先来我家暖和一下吧。"

太太领了大女孩的手,抱起小的,就往家里走。回了家以后,捅炉子烤火,找了些旧衣服给她们穿上。大女孩说她家住在西山上,前天夜里突遭天禄大难,父母双双亡故,姐妹俩死里逃生,一路走到北京,举目无亲,只好乞讨为生。

太太听了女孩的不幸遭遇,叹了口气,说:

"你们不能再出去流浪了,要是遇上流氓无赖,被欺负了怎么办?"

大女孩眼泪汪汪地说:

"我可以去戏班子唱曲养活自己,可是妹妹太小了,我不能扔下她不管。"

太太虽然知道家里并不富裕,添两张嘴吃饭意味着什么,但是姐妹俩的处境更为险恶,帮人要帮到底,好人要做到家,自己再难再苦,也不能让两姐妹流落街头。她决心收养这两个孩子,她把大女孩认为螟蛉义女,起名叫常俊亭,后来嫁给了郭荣起,我们都叫她郭老姑。小女孩因为太小，只好认作孙女，起名叫常宝珍，那时我父亲还没有生女儿，她就成为了我们的大姐。

常俊亭姑姑热泪盈眶，叩头拜谢太太收养之恩，长跪不起，太太扶起来她说：

"闺女，不用谢啦。咱们都是穷人，穷人不帮穷人，谁帮呢？"太太帮扶柔弱孤女的慈心义举对我父亲有很大的影响。我父亲和大哥一生也做过不少扶危济困、见义勇为的事情。

1944年张寿臣被恶霸袁文会邀角"庆云杂耍馆"，几个月不能回家，妻子王氏为他担惊受怕，靠典当养活孩子，加上劳累，一病不起，不久就去世了。而此刻的张寿臣连打发妻子的微薄财力都没有。我父亲常连安得知此事，带着大哥，从北京迅速赶到天津，出资料理了王氏的全部后事。

1948年，京剧演员金少山去世后无钱下葬，我大哥决定在天津为金少山义演三场，演完以后，把赚的现大洋以100块为一卷，用白纸包了三卷，到北京给了金少山的管家孙焕庭，说：这是天津相声艺人"搭桌"给金老板的心意。

再回来说我这个姑姑，在她的再三要求下，也加入我父亲跑码头的行列中。在1923年到1927年最艰苦的那几年，我母亲和姑姑都上地演出，她们都学会了唱荡调和太平歌词。

荡调原名"档调"，出自江南水乡，是湖船上娱乐游客的歌舞小调，清初年顺着大运河北上，传到天津后，先进入小班和坤书馆，再进入杂耍界，成为流行曲种。荡调是专门由女艺人演唱而且载歌载舞的群唱曲种，有点像花鼓小戏，以二至四人演出形式最为常见，有明显的踏歌风味，抑扬顿挫，以和舞蹈节奏。最著名的是《打莲香》，还有《渔家乐》《粉红莲》《十二月》《变羊记》等，荡调的演唱形

"多宝班"花鼓莲香表演(从左到右:常宝珠、常宝玉、常宝环、常宝珊)

式活泼,词句"雅而不淫",受到人们的喜爱。

我母亲、我姑姑常俊亭、我二姐常宝珠和三姐常宝玉在撂地时期一同演出过荡调。20世纪30年代末,我二姐常宝珠、三姐常宝玉、四姐常宝环、五姐常宝珊也曾演出过花鼓莲香的节目,我父亲给她们这个组合起名叫"多宝班"。

但是由于荡调舞蹈繁重,艺人相对从艺时间短,所以后继乏人,40年代罕有演出,50年代尚有人能演唱,现已失传,绝迹于舞台,非常可惜。

六、当戏法遇到相声

中国古彩戏法历史久远,自南宋以来,在杭州的瓦舍、街头以及喜庆堂会都有演出。变戏法都遵循传统,一直穿大褂表演,表演前必须上、下、反、正都要亮相,把盖单里外让观众看过。艺人讲究"八字真言"，称为"捆、绑、藏、掖、撕、携、摘、解"。后台做准备工作用捆起、绑好、埋藏、掖夹，成为"卡活"；前后使活时撕烂、携带、摘下、解开。

中国古彩戏法在形式和内容上都有自己独特的风格。戏法演员大都身穿长袍，道具如鱼缸、瓷碗、花瓶、火盆等全部带在身上；表演内容按照中国民族的习俗，大都有庆贺吉祥之意，例如，吉庆有余、瓶升三戟（谐音平升三级），等等。

表演开始，首先，请您注意观察演员的手法技巧和他的形体运动。从台后行至台前中央站定，您要从演员出台亮相的几步行走中看演员的真功夫——步履是否轻盈，神态是否自若。如果演员隔着一个罩衫，尚能进退自如，给人毫无负重之感，就表明演员佩带得多，吃得力强，功夫属于上乘。

表演中国古彩戏法，一般要求身高一米八左右，头大脸阔、肩宽身瘦的演员为宜。这样穿大衫长袍带在身上的彩物能协调而不显得臃肿。接下来，你要注意演员的表演技巧和基本功夫。大家知道，各彩物全藏在演员身穿的长袍里，但是怎样变才能不露端倪，则要见之于演员的功底。当表演海碗和玻璃塔时，在一碰地的刹那间，要完成四个动作——脱勾、揭顶、下幔、回托。甚至，出其他彩物时，有的演员不仅用毯子掩饰，还要撩袍交代，改变了那种出一件彩物换一条毯子的陈旧演出方式，进一步表明演员基本功是过硬的。

我父亲走上变戏法这条路完全是生计所迫，之所以能够取得成功，是靠他从小京剧坐科苦练而成的功夫。别的不说，戏法的五门功课"手、腿、身、法、步"与京剧"手、眼、身、法、步"是相通的。除了强调手的灵巧之外，还要求腰、腿方面的功夫。

为了使演员身体上下匀称，形象完美，除了"卡活"之外，还需要演员用自己的身体来调整，要"腆胸叠肚"，必须把小腹收进去，带上东西才不会凸出，观众从长袍外边一看，才能显得上下身协调一致。把盖单往"右肩"上一搭，要"见肘不见手"，就是使观众可以明显地看右肘支起了盖单，而手却藏在下面"秘密"地工作，不露蛛丝马迹，做到准确、快速、形象美。

父亲嘴里念着所谓的锣经：

> 挖单一抖大吉祥，
> 三尺宽，五尺长。
> 东盖东山大海，
> 西盖遮住了太阳。
> 走青山，明如镜，
> 拨开万盏灯。
> 点灯明又亮，
> 大家看分明。

我父亲用锣锤儿在地上画一个大圆圈，目的是打场子。为了聚集更多观众，爷儿俩在那一站，耍贫嘴，磨时间，父问子答：

> 父亲："来了？
> 大哥："来了。"
> 父亲："干什么来了？"
> 大哥："变戏法来了。"
> 父亲："你会变几套啊？"
> 大哥："三套。"
> 父亲："这头一套——"

大哥:"会吃。"

父亲:"第二套——"

大哥:"会拉。"

父亲:"第三——"

大哥:"会尿炕。"

父亲:"就会这个呀！

……

观众哈哈大笑,场上气氛顿时活跃起来,观众也更多了,我父亲又开始变戏法。使"罗圈当当"时,父亲也使"口"。戏法使口由来已久,但不是戏法艺人都会使,如果口齿不清或使不好,还会影响戏法的效果。而我父亲特别爱使口,嘴里不停。或者说使口是他变戏法的一个特色,一来戏法的表演不至于很"干",让人有兴趣看下去;二来可以转移观众的注意力,让他们不太注意你的手部动作,达到出其不意的效果;三是和观众互动,让他们参与到期待和猜测的悬念中。

比如"罗圈当当",我父亲是这样使口的:一边把罗圈里里外外给观众看,一边自言自语说"这个没有","那个没有"。待会儿从里面拿出一颗香蕉,"这有香蕉,您看。"待一会儿抓出一个苹果,"还有苹果呢。""还有什么?"他又拿出几颗花生,"还有花生。""就这几个吗?"他拿出一捧花生。"您还嫌少?"他把浮单铺在地下,倒出来一堆花生。

我大哥能上地以后,和我父亲两人一起"使口",你有来言,我有去语,这一大一小的对口特别有趣。

我大哥先问我父亲:"您说这圈里能变出东西来?"

父亲："能啊！"

大哥："我不信，您变不出来怎么办？"

父亲："我说能变，就能变出来。"

大哥："您要是变不出来怎么办？"

父亲："我要变不出来，我、我……变小狗。"（众人笑）

大哥："小狗，那也算您变出来了。您快点变吧。"

父亲："好，我变了啊，你看着。"

大哥："您变吧，我看着。"

父亲："看这个，有吗？"

大哥："没有。"

父亲："这个呢？"

大哥："也没有。您变不出来了吧。"

父亲："喏，出来了一个，看看是什么？"

大哥："香蕉。光有香蕉吗？"

父亲："喏，又出来一个。看这是什么？"

大哥："这是苹果。还有别的吗？"

父亲："喏，给你这几个。"

大哥："花生？才这么几个呀，不够吃的。"

父亲："你这么个小孩，能吃多少？"

大哥："我是小人大量，还有吗？"

父亲："给你。"（父亲捧了一大捧花生）

大哥："还有吗？"

父亲："这还少吗？还嫌少，叫你嫌少，叫你嫌少。"父亲把浮单铺在地上，提起罗圈，大哥在下面接着，罗圈里的花生不断落下来。

我大哥喊起来：

"哎,您、您别倒了,花生太多了,把我都埋起来啦!"

哈哈哈,众人心满意足,看了戏法,又听了相声,好不欢乐!

变大戏法,最常见的是两人合作,一位是主演,一位是助演。两人上台先使口,与说相声一样抖包袱。一些传统相声,如《铃铛谱》《祭财

变戏法的常连安

神》等,据传就是从戏法艺人的开场白发展而成。使口后,主演回后台挂活,助演先在台上变小戏法,待主演装活回来。我父亲和大哥就是形成了这种主、助演关系。

七、圆粘①和杵门子②

1924 年,就是我二姐出生的那年,张家口遭到了历史上罕见的水灾。1924 年 7 月 14 日,清水河山洪暴发,河水将通桥冲毁,桥东区怡安街以南被洪水淹没,那真是水火无情,生灵涂炭,三千多人被洪水夺走生命。洪水过后,淤泥塞满了道路和市场,整个城市陷于瘫痪。12 月,由于当时的察哈尔都统张锡元克扣军饷,运回天津,造成乱兵哗变,抢劫焚烧商店,给本已遭受特大水灾的张家口人民带来又一个灾难,他在历史上留下了极其可耻的一笔。爱国将军张之江临危受命任察哈尔都统,他来到张家口果断地镇压了抢劫焚

---

①圆粘:行话,粘是观众的意思,相声艺人招徕观众。

②杵门子:行话,杵是钱,要钱的意思。

烧商店的乱兵,安抚了商户,平息了民愤,清理洪水过后的泥沙等遗留问题,在不到一年的时间内,在被洪水冲断的通桥附近修建了清河桥。

我父亲一家虽然幸免于难,但眼瞅一家的活路断了,只好抱着出生才不到一个月的女儿,先是回到北京,由北京又到了石家庄,最后从石家庄去了天津。在天津和万寿生一起"联穴"演出。

生意不好的时候,我父亲去其他的城市卖艺,什么山东青岛、渤海一带,东北至黑龙江,大小码头都去遍了,足迹遍布济南、唐山、大同等,到处流浪作艺,在这种漂泊不定的生活中,历尽了艰辛。赶路都是凭着走,坐不起车。夏天赶上下雨道路泥泞,我妈挑着担子,走在泥泞的道上,鞋底子都磨没了,光是上面一个鞋面在脚上要圈儿。

塞外的冬天下大雪,等雪下完了,也冻上了,推门的时候都推不开,得一点儿一点儿撬,等撬开了以后一看,这雪都把房子盖了一半儿了。下这么大的雪,不能上地挣钱,全家只好忍饥挨饿。父母亲吃的苦、受的罪太多了,三天三夜也说不完。

等1926年再回到张家口时,我大哥刚满4岁,父亲开始带着他上地了。也是奇了,自从我大哥上地,特别拢蔓(观众多的意思),张家口的北市场成了我家的热地,置杵(挣钱的意思)多,生活一天比一天好起来。

1924年以后,张家口第三个大市场"北市场"建立起来,很快成为张家口最有名的市场。"北市场"出现后,茶摊、茶棚、茶馆兴起。较有名的茶馆有占地一百多平方米的"瑞兰轩",在"北市场"的东北角,此茶馆请评书艺人崔正侠说书十几年,场场客满,经久不衰。贾三茶馆专放打把式或卖艺的。善使一柄长花枪的"花枪刘"刘连山，善打弹弓、卖膏药的张玉山和他的两个儿子——张宝臣及后来以能使一口 240 斤大刀在北京天桥名声大振的"大刀张"张宝忠，练硬气功并以"铁尺拍肋"为绝活的黄同标等人，都先后在此作艺，为贾三茶馆招揽了不少生意。"北市场"诸多茶馆的先后出现是其兴盛的主要原因之一。

我父亲重返张家口以后主要在"北市场"演出。这次他是演戏法兼说相声。我父亲什么时候从变戏法改成说相声的呢？他在自己的回忆文章中说，他从 27 岁改说相声，又在别的地方说是从 24 岁开始说相声，为什么说法不一致呢？我认为他从变戏法到说相声的转变不是一个晚上的事，而是经过一个过渡阶段的，因为我父亲从一开始变戏法就借鉴了一些相声的表现手段，边变边说，1923 年去了天津以后更是刻意地向相声演员学习，在不同码头摞地时不断尝试总结，等到 1926 年在张家口北市场演出，也就是他 27 岁时，边变戏法边使口，"变""说"兼顾甚或相声更多一些，再加上太平歌词，往往是变一会儿、说一段儿、唱一阵儿，以这种形式的多样性和内容的丰富性，强化感染力，增加竞争力，使自己的生意好上加好。

说起摞地，父亲跟我们谈的最多的，是"圆粘"和"杵门子"的习俗，这也是明地作艺与后来的茶社、茶馆演出的最大不同。

摞地演出因为观众是不确定的，首先要设法将人们吸引到自己周围来才好开场，相声行里招徕观众的形式叫"圆粘儿"，就是粘住观众围成一个圆圈的意思，"圆粘儿"的手段大体说来有"开门柳儿"和"白沙撒字"两种。

"开门柳儿"也叫"点买卖"，就是相声场子开场第一回的唱儿，一般说来都是几个人一块唱，也有单人唱的，但不如众人唱的声音气势大。"开门柳儿"有十几种形式，太平歌词、什不闲、莲花落、小曲、吴桥落子、弦子书、铁片大鼓、二黄，等等。

太平歌词是相声"开门柳儿"常唱的曲种，演唱者用手持玉子板击节伴奏。关于玉子板的来历还有个传说，慈禧赏给过进宫演唱的相声演员恩绪一副竹板，人们就称竹板为"御赐"，玉子是"御赐"的谐音。

20世纪20年代初期，太平歌词基本上还是半说半唱，由二、二、三格式的七字句组成，基本唱腔是上下两句，反复演唱，略显单调，这叫"无板数唱"。如合唱《发四喜》（福禄寿喜），唱起来是这样的："福字添来喜冲冲，福源山前降玉瓶，福如东海长流水，恨福来迟身穿大红。鹿行小道连中三元，鹿刁灵芝口内含，鹿过高山松林下，六国封相作高官。寿星秉手万寿无疆，寿桃寿面摆在中央，寿比南山高万丈，彭祖爷寿抵八百永安康。喜花掐来戴满头，喜酒斟上瓯几瓯，鹊雀落在房檐上，喜报三元独占鳌头。"

白沙撒字作为"圆粘"的一种形式，同样起着招徕观众的作用，它的来源很早，至少在宋代就有，当时叫"沙书"。"圆粘"时，一个人半蹲着，边撒字边唱，一个人站着唱，唱的是《十字令》：

一字儿写出来一横长，

二字儿写出来上短下横长。

三字儿写出来横着瞧好像"川"模样，

四字儿写出来四角四方。

五字儿写出来半边儿俏，

六字儿写出来三点一横长。

七字儿写出凤凰单展翅，

八字儿写出来分个阴阳。

九字儿写出来是金钩独钓，

十字儿写出来一横一竖站在中央。

十字儿添笔念个"千"字儿，

赵匡胤千里送京娘。

正着数唱完又倒着数唱：

九字儿添笔念个"丸"字儿，

丸散膏丹药王先尝。

八字儿添笔念个"公"字儿，

公道人儿数宋江。

七字儿添白念个"皂"字，

田三嫂分家打过皂(灶)王。

六字儿添笔念个"大"字，

大刀关胜美名扬。

五字添笔还念"伍"，

伍子胥保驾过长江。

四字添笔还念"泗"，

泗州城水母找夫郎。

三字添笔念个"王"字儿，

齐天大圣美猴王。

二字添笔念个"土"字儿，

土地爷扑蚂蚱——他着了慌。

一字添笔念个"丁"字儿，

丁郎刻木记挂着爹娘。

用于"圆粘"的太平歌词主要是幽默、诙谐的小段,二三十句的居多。

演出结束或暂时演完一段时,就该请观众赏钱了,行话叫"杵门子"。意思是钱门开了,该要钱了。最初艺人们演完一段后,不知道如何要钱,观众纷纷散去,于是他们想办法说得大家不走而且给钱。通常就把所说的一套套求钱的话叫作"杵门子"。这种方式各路艺人都会,相声的杵门子与其他形式的不同之处就在于它的内容含有许多包袱儿。有句行话说:杵门子是金子,垫话是银子,本活是铜子。可见杵门子占有相当重要的地位。

从观众给钱的形式上看,主要有两种方式,一是飞杵,就是大家往场地中间扔钱。二是托杵,用扇子、笸箩绕着场要钱,边走口里边甩着包袱儿:

"您瞧这位,您别摇头啊,您这一摇头,我这一抓挠,咱俩哪儿玩去? 看您这么大岁数了,才学会摇头。……咱们可别跟那位似的全摇头,都摇头了那我们怎么办? "

从内容上看有"仁义纲",如这样说:"诸位别走,有钱的帮个钱缘,没钱的帮个人缘。我们不是都要钱,这一场子好几百人,要都给钱,那我们说相声的早就发财了,有给的有不给的呀! 您别走,带钱的您给份儿钱,给您道谢了;没带钱的站脚助威,也知您给钱的人情。谁要谁不要呢? 周围街坊,我们不要钱,天天见面打头碰脸的跟人要钱? 周围做小买卖的,也是老见面,都在这块地上扒饭吃,您甭给;那个说:'我这头一次逛天桥,不知道怎么回事。'您甭给,您熟了再给;那位说:'没带零钱,都是大票找不开。'您甭给;'我也有零钱,我今儿就是不想给。'您甭给。嘶——都不给钱,我们吃什么? "

我父亲善用"仁义杵",他打杵时,看到有人要走,马上说:"身上不方便,没关系,您尽管在这坐着,下次您再捧我。"如果这位没零钱,他说:"下次您有了零钱,再想着我。"这叫仁义杵。

他曾经和我们说过,他听到有人这样使"杵门子":"老话说:无君子不养艺人。我们从来不说我们有多大能耐,本来嘛,我们有什么能耐,不就会说几段吗?我们的能耐都在您兜里揣着,您扔下来归了我们,这才算能耐。我们就是您驾前的欢喜虫儿。什么叫欢喜虫儿?您好养个小猫小狗小鸟的,哎,我们就是。比如说养鸟,到时您不得给喂喂?您为什么?不就为听它叫唤吗?那我们小哥儿俩说了半天,叫唤了半天了,您不得喂喂吗?这也费不了您多少事:掏出来往地下一扔,摔碎了您都甭管。说了半天,哪位给带个头啊?哎,谢谢,谢谢,您瞧瞧,无君子不养艺人嘛!"把自己说成虫子、小猫、小狗之类的宠物,让别人可怜他,这叫"乞怜纲"。

还有的艺人擅使"人情纲",和观众套近乎,比如说:"张二爷、李二爷,还有刘四爷都到了,今儿个来看我的大多可都是老街近邻,是抬头不见低头见,您来了就是捧我场来的。既然是捧场,那您就往这场子里扔几个小钱儿,反正您掏上一两个钱儿也不当回事。可几位这么一帮忙,我们全家就有饭吃啦。一个人要是帮大家伙儿——难。反过来,要是大家伙儿帮一个人,那可就容易多了。您说是不是这个理儿?凡帮助过我的,我们全家都不会忘了您,得记您一辈子。"侯宝林就特别善于使"人情纲"。

话头子比较硬的叫"刮纲":"你看看那位,你走就走呗,他还拽一位:'走哇,姐夫。'扭头一看,哟嗬,法国人!"

还有拿观众的家人说事的,虚设某个听相声不给钱的观众,变着法儿把他"骂"了:"您瞧那位,天天来听,老也不给钱,我认识他,是我们街坊。他也没有钱,因为他连他媳妇儿都养不了,现在他媳妇儿在外面混事呢，昨儿晚上他到那儿拿钱去了，他媳妇儿直说他："你什么能耐都没有，就会吃饭，我这容易吗挣这俩钱儿？你拿钱，还去听相声？''我——我听相声不给钱。'您瞧，在我们这儿不给钱，到那边听唱坠子的，就给钱了，因为那边全是妞儿啊，到那边直眉瞪眼地跟人家说：'我这儿有钱，全给你了！'"这就是采用文武之道，骂得你不敢动、不敢挑眼，一走、一挑眼等于把这种难堪的事往自己身上揽，到时不给钱还不行。精于此道的艺人说出的话既不能把底座（基本观众）伤了，同时又能把飘着的座儿（临时观众）要下来。

"托边杵"连外围也要钱："伙计们，你们到外围也去敛点儿，别让站着的爷们挑眼：噢，他们坐着的趁钱，我们不趁钱怎么的？"

经常来的熟座就不要他们钱，但到了某个时候要狠狠地敲他们一下。通常这样说：

"哎呀，差不多都给了，还差一块钱，咱们怎么要呢？"

这就是递话儿，暗示底座儿该给钱了。这些人也明白他们的意思，于是就赶紧说："得啦，你们说，我给了。"这些底座大多有钱，而且讲面子，不能向他要钱，得他自己主动给，显示他们的慷慨、大方。

最厉害的还属"腥纲"或"损纲"，个别的艺人看到有观众"抽签"（行话，即退场），会说一些极"损"的不文明语言，比如："您听完了相声，干吗这么着急走啊？这不给人群撞个大窟窿吗？哦，我明白了，您拆了我的生意，一定是有急事，可能是您家老的故去了，您是奔丧心急，回去好抢孝帽子戴！"这种话出口不逊，很伤害观众感情，是"绝后杵"，绝大多数相声艺人不使，只有那些没磕过头、没拜过师、打一枪换一个地方的艺人才会使，一锤子买卖。

大哥上地以后，我父亲的"圆粘"和"杵门子"里都有大哥的身影。

八、小蘑菇"受夹磨"

大家都知道我大哥常宝堃有个特别响亮的艺名叫"小蘑菇",要说这个名字的由来还是很有意思的。张家口、大同、丰镇这些地方都属于"口外",也就是塞北地区。由于气候地理条件,塞北盛产蘑菇,当地人不仅把吃的这种菌类叫"口蘑",做成各种美食,产生了"玉兰烧口蘑",也叫"烧南北"的名菜,而且还引申到对小孩伶俐可爱的称呼上。我大哥4岁上地,能变小戏法,还能说"纲口",当他用小手巧变出一套"九连环"的戏法,用童稚的声音说个《蛤蟆鼓》的小段时,众人无不发出啧啧声,纷纷夸赞:"看人家这孩子多蘑菇啊!"

俩街坊在大街上遇到了,一个问另一个:

"去哪耍哩?"

"北市场。"

"看谁们?"

"小蘑菇。"

一来二去,"小蘑菇"的名字就传开了。后来我父亲在唐山演出时,正式给大哥用这个艺名贴出海报,号召观众,果然一鸣惊人,成了杂耍界有名的"娃娃红"。

可是,我父亲和大哥的走红,是饱受了多少屈辱和血泪换来的呀!

四月里,正是乍暖还寒时节,一场倒春寒突然袭来,大清河原来已经开化的河水又返冻了。

天气不好,北市场内逛街的人也稀稀拉拉的。忽然间,"当当当"的锣鼓响起来,随后伴着"急急令"的锣鼓点,一个小家伙儿在场子里翻起跟头,拿大顶、鹞子翻身,小脚板踢腾起一阵阵黄土飞扬。对,翻跟头的正是我5岁的大哥。练完了一套"滚毛",大哥挺直了小身板,鞠躬亮相,用清亮的童音说:"各位大爷大伯大哥大姑大姨大婶,俺这厢给您磕头有礼了。晚生小辈初学乍练,练得不好,请多多关照!""好!"人们齐声喝彩。

接着,大三弦拉起欢快的曲子,母亲和姑姑手持缀着铜钱的"霸王鞭"和带响铃的花棒,一边舞蹈,一边唱起了荡调《打莲香》。母亲穿一件红衣霞帔,乌云斜佩簪环唱小姐,姑姑穿一身绿衣绿裤,头上插朵粉花唱丫环莲香。两人跑起小圆场,慢慢地拉开了场子。悦耳动听的曲调吸引了正在明地上买东西的人跟过路的行人都围过来。他们有的披着老羊皮,有的穿着黑棉袄,缩着脖儿,揣着手儿,脚底下还不住地跺着,兴致勃勃地在那儿观瞧。

荡调很短,也就三五分钟就演完了。父亲同我大哥先说了个"开门柳"的小段儿,看"圆粘"圆得差不多了,大哥接过父亲递给他的3个小铁圈,就变起了"九连环"。这时天上下起了蒙蒙细雨,由于寒冷变成冰碴,打在人脸上生疼。他穿着小撅肚棉袄,小手指头一个个冻得跟小胡萝卜似的。尽管如此,他依然按照父亲教给的要领,一丝不苟地使了一遍。

轮到父亲使活了,父亲变他最拿手的"吞铁球"。他先取出一个比乒乓球略小一点的铁球,放进嘴里,用手揉着胸口,使劲往下吞。等张开嘴,铁球已经没有了。用手一拍胸口,铁球在里面"哗啷哗啷"地响。观众看到这里,都屏住呼吸,替我父亲捏一把汗,整个场子里真是鸦雀无声。我大哥又递给父亲一个铁球。父亲皱着眉头,脖子一挺一挺地用力往下吞。有位大娘实在看不下去,眼含热泪,说:"唉,多可惜啊!这么好的小伙子,这是遭了什么罪呀!"

　　终于，第二个铁球也吞下去，父亲稍微晃动了一下身子，"咚咚"两个球碰撞一起，赫然作响。我大哥端着铜锣向众人"打钱"，给钱的人不等他到跟前，就掏出铜子儿扔进场里。大哥把锣往胳肢窝底下一夹，学着大人样子，向众人拱手道谢。

　　父亲运了运气，又把两只手按在胸口，使足气力往上翻那两个铁球。他运足丹田气，脚猛地一踩地，跟着大吼一声，仰着脖子，用两只手捂住嘴巴，强弩了半天，这两个铁球才吐了出来，只见上面沾满了黏液和血丝，真是惨不忍睹。铁球一进一出，父亲好像用尽了浑身气力，他拿起筐笼，一边托边杆，一边强颜欢笑说他的"仁义纲"。

　　大家都知道，旧社会艺人为了谋生，有吞宝剑、吞铁球、吞长虫等自残自虐性技艺，到底是戏法还是真的？我父亲告诉我别的他没学不知道，但是这个吞铁球是半真半假的。说它假，铁球是卡在咽喉里，并没有吞到肚子里面，铁球相撞的响声是戏法的手段。但是要想练成这"偏门"功夫，需要"真功夫"，需要天长日久的训练，一般先从吞面团开始练，然后是削了皮的土豆等，把咽喉这个部位练得扩大、练硬，最难克服的就是人吞咽一点大的东西时，都会产生异物感的恶心和呕吐，何况是冰凉梆硬的铁球呢？这是对人身体绝大的摧残，是对人意志的考验。

　　父亲为了解决一家人的温饱，毅然在背地里苦练这个铁球功。每当夜深人静之时，劳累了一天的父亲还不能睡觉，偷偷在柴房里练这个铁球功，想象不出来他遭了多少罪呀！父亲用他男子汉的担当和臂膀撑起常家老小的一片天。我大哥也是这样的顶梁柱。

　　我父亲看看场子里稀稀落落的一点儿零钱，又想想家里老老小小九张嘴，那时我二姐和二哥刚出生不久，都在等着要吃要喝，他心一横，冲着我大哥说："柱子，快把棉袄脱下来。"

大哥连忙脱掉上衣，露出瘦弱的脊梁。寒风中，他猛地打了个哆嗦，顿时起了一身鸡皮疙瘩。旁边的人都心疼地看着"小蘑菇"，不知我父亲这是想搞什么名堂。

只见父亲取出一根小木棍儿，让我大哥两手放在身背后，攥住木棍两头。自

少年时期的常宝堃

己握住木棍当中间，从下往上提。"一、二、三……"大哥的两只小胳膊就翻到了脑后，他痛苦地拼命想瞅父亲。父亲狠着心紧咬着嘴唇，一闭眼，又使劲一提，孩子的胳膊就翻过了头顶……

大哥站在那里，再也动弹不得。这时，雨夹雪，风搅雪，都往我大哥的头上、胳膊上、小脊梁上施虐，大哥嘴唇冻得发紫，全身上下都在发抖，头发、脸颊、脊梁、胸膛，到处湿淋淋的，分不清哪是雪花落在身上融化的水，哪是汗水，哪是泪水，掺和在一起，顺着脸颊往下流。

这时，一个反穿老羊皮袄的彪形大汉两手分开众人，一个箭步就冲到场子中间。只见他二目圆睁，满脸怒气，对我父亲吼道："你快把孩子给我放开！"

父亲愣住了，茫然地望着大汉。

"嗨！你不就是为了多赚两钱儿吗？我都给你，千万别让孩子受罪了！"大汉说着，掏出一大把铜子，看也不看就扔在地上。伸手拽过我父亲，催他快把孩子松下来。

父亲这才如梦方醒，赶紧给孩子松开小木棍儿。大汉又说：

"哼,他准不是你的亲生儿子。"

我大哥正活动酸疼的膀子,一听这话,连忙搭茬,说:"大爷,您这回可没猜对,他还真是我的亲爹!"

"哄"的一声,观众们又笑了。大伙纷纷解囊,铜钱如雪片般落在场子里。父亲也笑了,但笑得是那么勉强。趁大伙儿不注意的时候他悄悄地扭过头去,用衣袖儿抹了一把辛酸的泪。

同是天下父母心,我父亲何尝不疼爱自己的儿子呢!他心疼得甚至不愿意捡地上的铜钱,那是用儿子"受夹磨"的泪水换来的。可眼下快到年关,警察、税官、地痞、敲竹杠的,哪处打点不到也不行啊!不这样卖命,一家人就够不着饭碗。哪怕再有一线生机,父亲也不会让孩子受这份罪呀!

九、"三不管"改说相声

北方的艺人都说:"北京是出处,天津是聚处。""要不在天桥过过筛子就不叫艺人,不到天津'三不管'闯练闯练也不叫艺人。"

1930年,我父亲带着全家来天津南市"三不管"撂地,这是我父亲第四次到天津了。第一次只是从天津路过,上船去东北和六年后坐火车回到天津再转车回北京。第二次是和我母亲结婚后来天津撂地,只做了短暂停留。第三次是在1924年张家口发大水之后,合家回北京,又转道石家庄,然后来天津撂地,在南市"三不管",父亲巧遇了结拜的大哥万寿生,和他一起搭伙"联穴"变戏法,每天除去给地主留下二八账外,每人要分三百多枚铜板,收入还是不错的。但不久这位万大哥离开天津去了东北,我父亲也带着全家去了张家口北市场。第四次是1930年这次回来,我父亲在戏法界从艺快到十年了,十年辛苦不寻常,从初涉江湖不懂春口,到经验丰富、见多识广,形成他"变""说"结合、稳中脆爆的艺术风格。对艺人来说十年是个坎,有句艺谚说得好:"学十年,火十年,回十年。"如果在这行里干了十年还没火起来,这辈子就很难火了,这是天时;天津最养艺人,必须在天津站住脚,这是地利;他的人脉都在这里,这是人和。

当然,首当其冲的问题是吃饭,我父亲考虑更多的是养家糊口。

我父亲和大哥就在天津"三不管"卖艺,养活一家人十几张嘴,一开始和大多数撂地艺人一样,平地抠饼,整天累死累活,日子还是过得紧紧巴巴的。

这里说一下天津的南市"三不管"。广义的"三不管"北起南马路,南至多伦道,西起南门外大街,东至和平路。八国联军入侵时,法军要把它算入法租界,日方又想划为日租界,均未得逞,于是在这块法国地、日本地、中国地三方毗邻的地盘上,无论有什么案件发生,天津当局不管,日本警察不管,法国巡捕不管,"三不管"之名由此而来。早年的三不管地区十分荒凉,一片坑洼地。后来商业迁

"三不管"的席棚区

移形成南市,开始繁华起来。这里民间小吃名目繁多,游艺杂耍千奇百怪,江湖郎中、民间艺人应有尽有,烟馆赌场、酒楼妓院鳞次栉比。随着居民集中,街道更加完善,摊贩多集中在清和街、东兴街、阜安街、首善街四条街道围起来的一块长约200米、宽约100米的空地上,这便是狭义的"三不管"市场。这里和北京的"天桥"极为相似,各种游艺、杂耍、茶棚、书场,一应俱全,非常热闹。

这年冬天,遇到天津百年不遇的低温天气,西伯利亚的寒流突袭津门,天气奇冷,北风呼啸起来飞沙走石,迷得人睁不开眼。变戏法的最怕这种天气,手一伸出来就冻僵了,再说观众也少呀,买卖没法干了!

连着好几天,父亲没有领大哥撂地,家里快要揭不开锅了。父亲搓着手在屋里直转悠,"怎么办哪?"母亲眼巴巴地望着父亲,等着他想办法。

这时大哥突然说:"爸爸,咱不光会变戏法,咱爷儿俩不是还能说两口吗?"

一句话,提醒了父亲。是呀,他们爷儿俩除了变戏法,还能说不少段相声呢。戏法和相声说来是一家,传统相声有些节目就是从戏法中演变过来的。在张家口时,五六岁的我大哥聪明可爱,撂地打场子时经常和父亲一起使《算人口》《俏皮话》《层层见喜》等"小孩哏",深受观众喜爱。有一次,有个听众想逗一逗他,见我大哥"托杆"走到他这儿,故意板着脸说:"没有。"我大哥一听,立即撩起衣服前襟,拍一拍光溜溜平坦坦的小肚皮,大声说:"没有这么大肚子。"周围的人一听,这么小的孩子会现挂抓哏,无不捧腹。业内人士听说了也纷纷议论说:"这爷儿俩说相声准火。"

相声招笑、逗乐,精于语言锤炼,父亲也喜欢说,但是父亲还是以变戏法为主业,从没想过要改行说相声。

相声对我父亲来说,根本就不陌生,只是一直没拿它当正式养家糊口的本钱。

他想,如今山穷水尽,成不成的可以去试试嘛！宝堃这孩子有口才,学什么像什么,自己又有基础,备不住能行。

于是父亲领着大哥出去找人搭伙,撂地说相声。7岁的儿子逗哏,30岁的父亲捧哏,爷儿俩站在一起,高矮差半截儿,年龄

常宝堃

又悬殊,这本身就是相声的一个看点。我父亲脑子好,掌握东西快,活也瓷实;我大哥聪明伶俐,不仅口齿清楚,脸上还特别"有戏"。爷儿俩的表演配合默契,幽默风趣,"包袱儿""铺"得平,"垫"得稳,"支"得巧,"抖"得正是时候,场内外一片欢笑声,头一次改说相声撂地就获得了意想不到的成功。

东方不亮西方亮,看来说相声也还是有饭的。这天晚上全家人都很高兴,尤其是我大哥,孩子气的脸上挂着得意的笑,一边吃饭一边不停地说着小笑话,惹得大家伙乐个不停。父亲板着脸说:"食不言语,你们都忘了吗？"父亲默默地吃了会儿饭,半晌,他放下碗筷,冲我大哥说:"山外有山,咱爷儿俩的活还不到家啊。"

十、父子同拜张寿臣

当时相声在京津一带已非常普及,"相声八德"中的李德钖("万人迷")、周德山(周蛤蟆)、焦德海等老一辈已经誉满江湖,主要坐镇天津的张寿臣、马德禄等人也红极一时。我的父亲便去拜访张、马二位先生,向他们学习说相声的经验和技巧。回到家里父亲

又把学来的东西教给大哥,爷儿俩天天排练。我父亲常教育大哥:多学能耐,别贪玩,艺不压身,别荒废功夫。

虽然我父亲并不是个心思缜密的人,但他考虑问题确实比别人长远,因为大哥的天赋条件非常好,所以他心气也比较高。话说回来,哪个做父母的不是望子成龙?他觉得应该给儿子铺平一条通向成功的大道,那就是让我大哥及早拜师学相声。况且现在他们已经进入相声行,不拜师也不符合这一行的规矩呀。

那么拜谁为师呢?当时张寿臣正和陶湘如搭伙,在泰康商场歌舞楼为"鼓界大王"刘宝全担任"倒二"相声,在同行中享有很高威望。于是我父亲找到在北京说评书的陈五爷,请他做介绍人,希望拜在张寿臣的门下学习相声。五爷陈荣启是张寿臣的师弟、好友、发小弟兄,关系莫逆,而且又是我父亲的拜把兄弟,五爷早看出我大哥是块好坯子,自然是满口应承。有他从中介绍,拜师的事已成八九。

1931 年的一天,五爷带领我父亲和大哥来拜访张寿臣,张寿臣端详着刚刚 8 岁的大哥,见他面容清秀,欢眉笑眼,不由得心中大喜。张寿臣此时年逾三十,却从未开过山门收徒,虽有多人向他提议,但都被拒绝。原因是他收徒弟有许多严苛的条件,他要求人品要正,还必须是北京人,眼睛要大,伶俐而不油滑,能言但不贫嘴,规矩却不木讷,要有将来能成角儿的资质。而大哥的相貌和气质,集这些苛刻的条件于一身,张寿臣岂能不高兴?当即双手击掌说:"好,这个徒弟我收了。"大哥见张寿臣如此爽快,未等我父亲发话,立即跪在地上磕头喊师父。张寿臣见大哥如此机灵知礼,也甚为喜悦。

但是随即而来的一个难题是:大哥可以被张寿臣收为徒弟,从此有了门户,但是父亲在相声这一行当也没有师父,说相声没有

"门户"，则名不正言不顺，而我大哥又必须和我父亲一起演出，可怎么办呢？

于是，张寿臣想出一个绝妙的办法。即在收我大哥的拜师会上，将我父亲同时代拉为师弟。这也是因为张寿臣听过我父亲的相声，认为他是个出色的艺人，应该有个师父，他决定替师收徒。也就是说张寿臣替他的师父焦德海收下了我父亲，所以我父亲填写履历表拜师这一栏填的是焦德海。于是在同一天，我大哥给张寿臣磕头，认了师父；我父亲也给张寿臣磕头，认了师哥，实际上我父亲年长张寿臣两岁。父子同为一门，师父师哥同为一人，实乃相声界一大罕事，也在业内盛传为佳话。

拜师以后，张寿臣见我大哥颖慧过人，有"相"有"声"，便对他精心培育，倾心传艺，并无丝毫保留，我大哥得到名师教授，进步迅速，演技大增。那时，张寿臣正在歌舞楼（后改为小梨园）、小广寒（后改为天昇戏院）等游艺场演出，早晚两场，还要应电台、堂会之邀，整日时间都排得满满的。而我大哥白天也需要随我父亲赶场演出，因此，他们师徒的传艺受艺都在夜间进行。

那时幼年的大哥夜夜踏师门，时时耗心神，十来岁的孩子劳累了一天后还要聆教习艺，有时难免冲盹儿，于是师父提高嗓门说："这是学能耐啊！你听明白了没有？"吓得大哥一哆嗦，赶忙揉揉眼说："听、听见了！""听明白了你说一遍吧！""这……"大哥想了想，跟着就把刚才师父传授的内容说了一遍。他不是机械地复诵，而是运用师父讲的"使活既要有准词儿，又得有个活泛劲儿"，边说边做，灵活而富有变化。每次授课后，张寿臣都很满意。张寿臣曾对人说："宝堃跟我三年多，学会二百来段相声，不少活越压越瓷实。"可是一旦出了错，他师父也不放过。倘有字音、语气不对，就让他说上

101

百遍。练"贯口"时,张寿臣让他对着墙朗诵,直到不溅唾沫星子才准许歇一会儿。这些事情都是我后来跟我父亲学相声时他讲给我们听的,教育儿时贪玩的我一定要勤学苦练基本功。

十一、为大哥物色搭档

自从大哥拜师以后,我父亲完全弃戏法而改工相声,一心一意为我大哥捧哏。不久,张寿臣介绍他们到北马路宝和轩(海风茶社)献艺,一炮而响。

宝和轩的经理叫桑振奎,这个人有点像我们现在所说的善于"造星"的经纪人,他慧眼识人,率先把"丢驴吃药"的首创者闫德山引入自己的园子,同时他相中我大哥,后来他把自己的女儿桑秀茹嫁给我大哥,他们婚后

大哥常宝堃、大嫂桑秀茹结婚照

生了我侄子常贵田。桑振奎的夫人是享誉鼓坛的京韵大鼓刘派女杰林红玉。

因为父亲和大哥这档父子相声新颖别致,很快成为"新宠",许多茶社和剧场也纷纷邀请他们去表演。父亲他们最常去的还有鸟市的小广寒剧场、南市的上平安剧场、劝业场的小梨园等。在侯家后义顺、北大关志成信、鸟市聚英、官银号天晴、北马路北海楼以及南市燕乐、通海等处担任中场相声,最后代替张寿臣、陶湘茹为刘

宝全担任"倒二"，在与梅花大鼓金万昌、单弦名家常澍田、铁片大鼓名家王佩臣、天津时调名家高五姑、评书名家陈士和等前辈艺人同台演出中获益匪浅。随着父亲和大哥的走红，很快被天津仁昌、中华电台邀角演出。

"梅花香自苦寒来"，从1920年父亲开始跑码头到1936年抗战前夕，十几年的艰苦磨砺，终于迎来了艺术生涯的黄金时期。待到大哥13岁出师以后，"小蘑菇"已经轰动京津了。父子档的常氏相声成为天津著名的"五档相声"之一。

我父亲和大哥除了在曲艺场演出、电台播音外，还在影院演电影前加场，又在百代、高亭等唱片公司灌制了《卖估衣》《闹公堂》《相面》《小孩语》等段子，14岁童伶灌唱片在相声界绝无仅有。北京快板名家高凤山在他的回忆录中说，他听说和他年龄相仿的"小蘑菇"已经灌了唱片，可是自己还默默无闻，就发誓要到天津和"小蘑菇"较量，可见当时出唱片对艺人的名声影响之大。

上了剧场以后，父亲对我大哥在节目内容上、表演技巧上以及艺术风格上，要求更加严格。同时，他自己在捧哏上也力争精益求精。父亲钻研艺术非常刻苦，他总是想方设法地提高自己。比如为了练好《学四省》《山东二黄》《上饭馆》《拉洋片》一类的"倒口活"，我父亲总是认真学，反复练。为了学山东话，让舌根硬起来，他曾用我母亲做针线活的木尺抵住舌根，试着找准发音位置，反复练习。

除了去剧场、电台演出外，他们不再去撂地，主要在家里潜心钻研业务。我父亲常连安艺术素质很全面，是个声相兼长的演员，由于荡迹江湖多年，颇知"业精于勤荒于嬉"，不仅在台上为大哥捧哏，精密烘托；台下也坚持不懈地钻研相声技艺，和儿子一起勤学苦练。他晚年曾对我们说过："上台不分大小，下台可得立规矩。在家里我是宝堃的父亲和辅导员,可是学相声我们又是同学。"

除了张寿臣的传授外,还不断向马德禄、郭瑞林、焦德海、焦少海、周蛤蟆等著名艺人请教,刻苦实践,由于捧逗一起学,技艺提高很快。我父亲和大哥合演的《天文学》《大上寿》《大保镖》《对对子》《父子诗》等,都有娴熟的技巧和解颐的笑料。

评书家连阔如在《江湖丛谈》中评议说:"最近我在北平常听见天津广播电台播来的各种杂技。最可听的玩意儿是常连安、小蘑菇的相声,一捧一逗,对口相声,又火炽又严,甚为精彩。包袱抖得真响,他二人的艺术太受人欢迎了。"后面还讲了很多我父亲从艺的经过和大哥、二哥学艺及成名的故事,为人们所熟知。

时间过得飞快,转眼到了1936年底,我大哥15岁了,我父亲依然给他"量活"。有一次使《家堂令》,我父亲余光一扫台下,发现效果不像之前那么火爆了,观众们交头接耳、窃窃私语,心里"咯噔"一下,下台后问大伙:"怎么,我和宝堃使的这块活有毛病吗?""没有啊。"问题出在哪里呢?相声演员最怕的是"倒人缘"。我父亲非常着急。

这时,张寿臣来找我父亲说:"现在宝堃长大了,你们爷儿俩在台上这么一玩笑,观之不雅啊!"原来他也听到了人们的一些议论,为了他的爱徒的发展,他建议我父亲不要再给大哥"量活"。事实证明我父亲那天对"倒人缘"的预感是对的,我大哥学的某些活就是因为台上是父子关系不宜上演,这样下去对我大哥的艺术发展是十分不利的。

后来《天声报》发表了观众意见,电台也转来了观众来信,提到有些笑料俚俗,父子不宜过分玩笑。这些信让我父亲下定了决心,他拿着信跟全家和一些亲友进行了认真的研究,听取了大家的意见后说："最好马上给宝堃找捧哏的，我们爷儿俩不能使一场活。"大哥恳请缓两年再分开，我父亲却坚持立即分，理由是：宝堃是该换一套活了，不能再使"小孩哏"了。"艺术这事，行百里者半九十，何况你正式说相声才五年，还是请个好捧哏的吧。"父亲这样劝我大哥。他知道儿子是因为要尽孝心才不愿意分，但儿子不能跟自己一辈子呀，应该让他早点儿脱离自己，"成家立业"。当时也有人提出父子相声名震三津，一旦换人，深恐"小蘑菇"夭折。我父亲却认为这是从"小孩红"过渡到"成人红"的必经之路。

当务之急的事情是得赶紧给我大哥找一个好"量活"的。可是在短时间内马上就找到合适的，哪有那么容易呢？父亲正发愁呢，有人提醒我父亲："您看那小龄童怎么样呢？"小龄童就是赵二爷赵希贤的儿子赵佩茹，艺名叫"小龄童"。赵佩茹是焦少海的弟子，出师后一直和他师父焦少海搭档，可师徒档并不是终身之计。当时他

常宝堃(左)和赵佩茹

105

也正因为找不到合适的伙伴而苦恼。真是"踏破铁鞋无觅处,得来全不费工夫"。赵佩茹的父亲赵希贤与我父亲又是结拜兄弟,所以我大哥和赵佩茹的"天作之合"很快就促成了。

1937年,我大哥正式与赵佩茹结成固定搭档,从此相声界一对堪称火爆与完美的黄金搭档诞生了。随即在歌舞楼、天晴(后改为北海楼商场)等处为刘宝全、骆玉笙、荣剑尘、林红玉等名家担任"倒二",很快就得到了观众的欢迎和信任。

赵佩茹,1914年出生,著名相声演员。自幼随父、戏法艺人赵希贤学艺,后拜相声前辈焦少海为师,学说相声,在同代相声艺人中拜师最早。因他是入室弟子,得师父之真传,故以功底深厚、活路宽阔、用字准确、细致入微而闻名于相声界。因此,他备受同行们的崇敬。20世纪30年代前期,李寿增为他捧哏,在京津两地的大小场地及电台演出,名声鹊起。1937年起与常宝堃合作,互为捧逗,以捧为主。这二人的合作是相声史上少有的一对火爆搭档。

相声演员能搭上个好伙伴应该说是最幸运的了。赵佩茹出师较早,是同辈中的大师兄,与大哥合作后,他的捧哏特长得到了发挥。经过互相交流、切磋琢磨,大哥和赵佩茹很快地就成为一对珠联璧合的好搭档。他俩在个头、声音、形象上都那么适衬,往台上一站就好看,大哥表演起来寓庄于谐,机敏洒脱;赵佩茹则是寓谐于庄,左右逢源。这样旗鼓相当、严丝合缝,创造了一种紧凑、炽热、明快、引人入胜的艺术风格。他们合演的《五红图》《汾河湾》《铃铛谱》《穷富论》《卖五器》等,都受到了当时观众的热烈欢迎。我大哥对赵佩茹异常尊重,不论在哪儿演出,包括上电台、灌唱片,都和赵佩茹悉心商讨,听取伙伴的意见。艺术上、生活上他们都谈得来。在"掰杵"时,我大哥打破逗哏拿多份的常规,从来都是"对半劈账",甚或

"倒四六"分成。赵佩茹把所会的东西也都告诉了我大哥,经过大哥重新加工后,立即焕发出新的光彩。在我大哥进入青年时期以后,艺术更加成熟了。

1938年,大哥出师已有三年。一天,张寿臣路过大哥演出的剧场,心中想:"宝堃出师几年了,也不知他出息得怎么样了,看看他的明场(即舞台表演)。"

我大哥见师父来了,赶忙给他沏茶。师父说明来意:"我来看看你的明场。"张寿臣坐在台下,细心观摩大哥的演出。可是平日里生龙活虎的大哥,今日却有些反常,他发现好似有一道无形的绳索捆住了大哥的手脚,让他很不自在,还吃了"栗子"(即说错台词)。张寿臣非常生气,等大哥下台后就训斥他说:

"你这是怎么了?错窝不下蛋?"

大哥说:

"师父,别生气,我平时不这样,今天看见您在台口,我顶瓜(即紧张)。"

张寿臣听了这话更生气了:

"我不打你又不骂你,你顶什么瓜呀?!"

为大哥捧哏的赵佩茹也帮忙说情:

"干爹,别着急,宝堃平时哪能这样啊?他就是见了您顶瓜。"

张寿臣、常宝堃、苏文茂等人合影

107

　　张寿臣为难了，我来看他明场，他顶瓜；我不来，他明场什么样，我又不知道。思来想去，终于想出一个办法。

　　过了几天，张寿臣又来到大哥演出的剧场，这次他到了后台没有进去，估计大哥上场了，他才悄悄溜到后门，坐在台口，示意大家不要声张，这次他看到了明场的大哥，活头瓷实，活路规矩，终于放心了。同时他也悟出大哥顶瓜的原因。原来，大哥根据个人条件，把向师父学来的活改了几处，他见师父来听活，又知师父的严厉，于是在师父来听活时，又按原版来演，难免发挥不出水平，也难免吃"栗子"了。后来张寿臣把此事讲给他儿子张立林听时，由衷地赞叹说："这正是宝堃聪明过人的地方啊！"这件事我父亲也常和我们提起，让我们向大哥学习，学习他尊重师父和勇于创新的精神。

第三章 启明茶社

一、说抗日相声二三事

1931 年日本驻军杀害张作霖，"九一八"事变爆发，抗日战争开始。1937 年 7 月卢沟桥事变，日本帝国主义全面侵略中国，华北沦陷，北京天津相继沦陷。

在华北沦陷区，日寇实行文艺高压政策，扶植一些软骨头文人为侵略战争涂脂抹粉，镇压抗日的进步文艺。但是真正的爱国艺人偏偏不买他们的账，以文艺做刀枪讽刺揭露社会的黑暗。

我大哥常宝堃和他的师父张寿臣、搭档赵佩茹，还有我二哥常宝霖，在沦陷时期都因为说相声被日本人抓去毒打过，都是我父亲用尽办法将他们保释出来。

沦陷时期，无论开什么大会，主席台上必须张挂所谓中、日、满三面"国旗"。中国旗在沦陷初期即是民初的五色旗，伪满旗也是五色，只是黄色为底。居于中间的日本旗是白底中间一个大红点。据此，张寿臣先生即兴说：

"小日本非玩儿完不可，您瞧，他们开会的时候，左边一个'五'，右边一个'五'，中间是个'幺'，俩'五'一个'幺'，那不是'眼儿猴'（玩骨牌的术语，即玩儿完之意）嘛！"观众们一听就明白了，开心地哄笑起来。

这类即兴垫话，张寿臣说了不少，因为他总是拿日本人开涮，必然引起日本特务和伪政权的不满。汉奸王大麻花借口张寿臣得罪了他,把张寿臣抓到警察局严刑拷打,张寿臣被皮鞭抽得遍体鳞伤,昏死过去。我父亲那时在北京,听说此事,当时就急坏了,又托人又花钱,把他这位师哥保出来了。

"九一八"事变后,张寿臣和少帅张学良有密切的交往,"西安事变"前一年,张学良到津,他们一起从广播中听到我大哥和我父亲合说的相声,得知我大哥小蘑菇是张寿臣的弟子,张学良连说:"真是名师出高徒啊!"

张寿臣还在说《揣骨相》中"英雄骨、壮士骨、英烈骨、高洁骨、耿直骨"的贯口时,借题发挥,歌颂吉鸿昌等抗日英雄,正巧吉鸿昌将军当时在天津,一天散场后受到吉鸿昌将军的接见。

张寿臣既然是这样的铮铮铁骨,我大哥作为他的徒弟,也大胆在相声中表达人民心声,控诉社会黑暗。比如他和赵佩茹在一个叫《口吐莲花》的相声段子里控诉了老百姓对日伪政府"献铜""献铁"的不满:

　　赵佩茹:耍猴敲锣,你怎么打我脑袋?

　　小蘑菇:你的脑袋就是锣啊。

　　赵佩茹:你的锣呢?

　　小蘑菇:没锣敲了,都献了铜了!

还有一个相声叫《牙粉袋儿》,也是和赵佩茹合说的:

　　甲:干咱这行儿可不容易呀!

　　乙:干哪行儿有哪行儿的难处。

110

甲:咱这算吃开口饭的。

乙:我们一张口就来饭。

甲:家里还有几个张口的。

乙:都会说相声?

甲:那是等饭的。

乙:唉!就靠咱们这张嘴,指身为业,养家糊口。

甲:所以这行儿禁不住刮风下雨。

乙:刮风减半,下雨全无嘛。

甲:可唯独瓦匠这行儿,就盼着下雨,雨下得越大越好。

乙:怎么?

甲:谁家的房子漏了,山墙塌了,他该有活儿干了。

乙:对呀,他就是干这个的。

甲:我们街坊小南屋儿,住着一家儿干瓦匠活儿的,一看下起雨来了,叫他们孩子:"三儿,跑一趟打二两去!"

乙:嘿!高兴啦。

甲:他那儿一边儿唱一边儿喝着,我们一边儿愣着。

乙:下雨谁还听相声。

甲:就听"哗",下大了!"咔嚓"!

乙:怎么啦?

甲:那边儿墙倒了!"三儿,再打二两去。"

乙:越喝越高兴啊。

甲:就听"哗",可桶儿倒的大雨!"咔嚓"!

乙:又怎么啦?

甲:后边儿房塌了!"三儿,再来二两!"

乙:雨住了他该忙啦。

甲：就听"哗"，"咔嚓"！"哎哟"！

乙：再来二两。

甲：喝不了啦！

乙：怎么？

甲：自己的房子塌了！

乙：嗨！下大发了谁也受不了！

甲：这就是各有各的难处，您当我们说完相声就没事啦？

乙：从早忙到晚啊。

甲：晚上演完散了场就十一点了。

乙：咱不得歇会儿嘛？

甲：洗洗脸，休息会儿就十一点半。

乙：都管我们叫夜猫子。

甲：走到了家十二点半，叫开门一点半，生上火两点半，做点儿吃的三点半，吃点儿东西四点半，铺好了被窝五点半，钻进去大天亮又钻出来了！

乙：一宿没睡呀？

甲：我们小哥儿俩一早儿还得练功，对词儿。

乙：得排练啊。

甲：每天赶几场演出。另外，什么看孩子、买菜、做饭、刷碗、洗衣裳、挑水、扫地、倒土、攒煤沫子、挤配给面，这都得干。

乙：为了赚钱，累死为止。

甲：受累倒不怕，钱到手更为难。

乙：怎么？

甲：米、面一天一个行市，你知道什么时候涨价儿啊！

乙：那咱可说不好。反正有配给面，价也涨不到哪儿去。

甲：就是那混合面？里边儿全是麸子、黑豆、花生皮儿、白薯，土粉子掺锯末呀！吃完消化不好，我妈吃一顿一个礼拜没解大便。

乙：老人孩子，买点儿白面吃。

甲：咱不像人家有钱的，什么"金豹"的、"三星"的方袋面，往家一拉就三十袋、五十袋的。

乙：你哪有那么些钱啊！

甲：最多咱也就买上一袋儿洋白面。

乙：花上两块大洋。

甲：两块？你再打听打听。

乙：涨多少钱啦？

甲：涨到五块、七块，"第四次强化治安"涨到八块一袋儿。

乙：嚯！穷人还活得了啊？

甲：他慢慢"强化"，你慢慢熬着呀！"第四次强化治安"八块钱一袋面，听说到"第五次强化治安"白面就落到四块钱一袋儿了！

乙：嘿！落一倍的价儿？

甲：不过，袋儿小点儿。

乙：洋面袋儿？

甲：不！牙粉袋儿。

乙：啊！

这段相声痛斥日寇对华北五次"强化治安"给华北人民的生活造成的艰难，讽刺日伪统治造成的物价高涨的社会现实。白面从两块钱一袋儿涨到八块钱一袋儿，老百姓每天只能吃"配给面"。谁知几次"强化治安"之后面粉反而"落价"了,洋白面从八块钱一袋落到四块钱一袋了,只不过袋儿小一点儿——"牙粉袋儿"那么大。

说得观众畅快地哈哈大笑,满场爆发掌声、喝彩声。

这个段子本来是我二哥宝霖和他的搭档于俊波演出时的一个"现挂"包袱,当时即遭到了日伪当局的非难。但二哥没有屈服,他在给大哥的来信中谈及了事情经过和这个"牙粉袋儿"包袱的大致内容。大哥已然知道说这块活有被抓的危险,但基于对日伪统治者的仇恨和对人民疾苦的感同身受,决定再冒一次风险。我大哥和赵佩茹重新创作了《牙粉袋儿》,加入了相声演员时下的艰难生活,正是沦陷区普通市民的缩影。他俩在台上一捧一逗,大胆讽刺,勇敢地说出了观众要说的真心话。

当时天津同样笼罩在沦陷区的政治高压之下,特务密布,告密者无处不在,观众都替他捏了一把汗。果然表演一结束,我大哥就被抓进了宪兵队,问他是不是共产党,让他把文本交出来,我大哥说说相声都是口传心授的,没有什么文本。汉奸让他承认说抗日相声的罪名,改说歌颂强化治安的段子,我大哥坚决地说:"你们就是把我崩了,我也写不了,演不了!"他大义凛然,义正辞严,在日本鬼子和汉奸的淫威下不低头、不认罪、不合作。听说儿子被捕,我父亲心如刀绞,十万火急地托关系交了保金,才把我大哥保释出来。

有了前面两次被捕的经历,我大哥仍然不惧怕,冒着再次被捕的危险,说了《打桥票》,讽刺伪警察敲诈勒索的罪行。桥,指的是解放桥,因坐落在法租界,当时叫法国桥。桥上的警察对过往的行人车辆极尽巧取豪夺之能事。他们弄一个大木箱,放在桥头上,行人从此过,留下买路钱,你必须放钱进去才让你过桥,没钱就交实物,蔬菜啦、水果啦、香烟啦,等等,弄得市民怨声载道。我大哥和赵佩茹敢于替民众发声,狠狠地讽刺揭露了他们。警察们对"借个胆子也不敢"吭声的老百姓们欺负惯了,居然有胆子如此大的艺人编排他们,这还了得!一群伪警察到场子里滋事,非让我大哥当着他们的面再演一次不可,我大哥挨了他们好一顿毒打。

在那个年代,我大哥他们所说的这些大胆而辛辣的讽刺相声,表现了曲艺艺人刻骨的民族仇恨和英勇的抗敌精神,他们以相声的文艺形式做匕首和刀枪,鼓舞了人民战胜日本帝国主义和一切反动派的信心。新中国成立后,我父亲经常跟我们说起我大哥,称赞他是鲁迅先生所说的"我以我血荐轩辕"式的英雄,让我们向他学习。

二、观众到家里送红包

旧社会的艺人难,红和不红都难。为什么这么说?你如果总演总不红,赚不了几个钱,一家老小吃不上饭。而你一旦红了,树大招风,地痞流氓觉得你有油水可榨,就三天两头找你麻烦。最可恶的就是敲竹杠,当时有个名词叫"飞帖打网",那些流氓地痞往园子里撒帖子,什么老太爷、老太太寿诞啦,公子、小姐过满月啦,文明婚礼啦,接三啦,送路啦……其实都是子虚乌有的事儿,可是你必须按帖子上的地址去送礼,如果你敢不送礼,他们就派一群打手闹事、砸场子,稍有反抗就会遭到一顿毒打。

20世纪30年代,我父亲和大哥成名之后,就经常收到这些帖子。凭我父亲的耿直和正气,根本看不惯这个,但是同行们都劝他权且忍耐,人在矮檐下,不得不低头,咱惹不起还躲不起吗?父亲忍气吞声地打点这些地痞,尽量不得罪他们。但是帖子太多的时候,经济上也吃不消,有时候漏了一份,那可就惹了祸。

有一次我父亲和我大哥在"小梨园"演出,还没上台呢,就来个人,劈头就说:"我说常连安,你欠我那30块钱可早到日子了,你这辈子还打算还吗?"父亲抬头一看来人歪戴着帽子,嘴里叼着烟卷儿,上身穿着丝绸的褂子敞着怀,不像个善主儿。就说:"我不认识你。"那人奸笑着说:"怎么不认识啦?当初你手头紧找我借钱,说好的有钱就还,如今发了财就不认账了?"那人说着,歪斜着半边膀子,一条腿还不停地抖动着。

父亲瞧他那副下贱坏的流氓相,心里便全明白了,他气愤地说:"不就是上回撒帖我没惮你吗?你要缺钱花就明说,别给我头上扣屎盆子,拿着不是当理说,偏偏跑这儿来蒙事,吓唬谁呀?告诉你,我还就不吃你这套,今儿你一个子儿也甭想从我这儿拿走!"周围过来几个人解劝,那个流氓见我父亲一针见血揭穿了他的老底,恼羞成怒地说:"好哇,你个常连安,不就是个臭说相声的嘛,你以后小心点!"随后扬长而去。在场的人一方面感到解气,一方面又替我父亲担心。但是过了两个多月,也没发生什么事情,大家也就不记挂了。

有一个晚上,父亲和大哥在南市"上平安"剧场演出,那天使的活是《大相面》,揭露了相面的如何蒙人骗人,观众反响十分强烈。收工时已是夜里10点多钟了,父亲推着自行车跟我大哥刚走到家门口,路边黑影里突然蹿出一个人来,说时迟那时快,"咣"的一声撞在我父亲的车辋辘上。没等爷儿俩反应过来,那人便嚷着:"好,你撞人。"一伸手给我父亲一个嘴巴。

父亲见势头不妙,他一下想起几个月前那码事,准是那帮家伙来报复,他把手中自行车往大哥怀里一推,说了声:"宝堃,快跑。"这时不知从哪又钻出来五六个歹徒,把我父亲围在中间,一顿拳打脚踢,嘴里还不干不净地骂着,父亲见寡不敌众也不还手,只是死死揪住其中一个歹徒不松手,一时间被打得头破血流。

大哥骑车找来了巡警,那帮歹徒一哄而散了,唯独那个被我父亲摁住的小子不得脱身,被警察押到了阁子(相当于派出所)里,一审问,才知道他是南市一带某个流氓团伙头子的徒弟,正是为了上回撒帖的事。

父亲头上、脸上都包了纱布,暂时不能登台演出了。可是不演出怎么能行呢? 那时二哥宝霖10岁出头,三哥宝霆六七岁,四哥宝华5岁,家里除了大姑大姐能唱荡调以外,二姐宝珠、三姐宝玉、四姐宝环都还年幼,最小的五姐常宝珊不到一岁……父亲和大哥一不上园子,一家大小十几口人的生活都成了问题。这是什么世道,地痞流氓无法无天,非挤对得哑巴说话。我父亲满腔怒火,不吐不快,连药布也没揭,就带着大哥到电台去说相声。

那会儿,还没有录音设备,电台播音都是直播,演员说话比较随意一些。父亲和大哥在开场白中,强压满腔悲愤,一对一口地讲述了这次挨打的全部经过,父亲被这些地痞流氓逼得实在走投无路,他要让这帮歹徒的强盗行径暴露于大庭广众之下,路见不平一声吼,以自己的亲身经历彰显民意,呼唤公道、正义、法治。他已经把个人安危置之度外,真是豁出去了!

谁知道,他们爷儿俩从电台说完相声,刚到家门口,突然迎面过来两个人,挡住了去路。喊他们的名字:"常连安、小蘑菇。"父亲一看并不认识,一问他们说是热心观众,这两位老人说:"我们这几天还纳闷,怎么看不见你们说相声呢,敢情是挨了这群畜生的打! 这帮家伙太欺侮人了! 你们爷儿俩不仅相声说得好,人也站得正、行得端,我们天津卫的老少爷们儿都给你们撑腰!"

　　跟着，又来了两位老大娘，她们一见我父亲和我大哥，眼泪"唰"地流下来了，抽抽搭搭地说："唉，你们爷儿俩可受了委屈了。"

　　天津的观众们既热情又富于同情心。一连几天，从白天到晚，我们家里人来人往不断，都是来看我父亲和我大哥的，还有人送来滋补品和外伤用药。这是人民群众对演员的爱啊！父亲含着热泪，迎送一拨又一拨的男女老少观众，从这些人身上，他受到极大的鼓舞。

　　有人可能会问，这是真的吗？观众怎么会知道我家的地址？这里有个趣闻，老天津人还记得这么一档子事。1932年的大年三十晚上，我父亲和大哥在广播电台里给听众说相声后，结束时，通过电波向全市人民拜年，大哥灵机一动就来了个"现挂"："大叔大爷大妈，我给大家拜年了，在这拜年您也不用给压岁钱了，要给您就送到我家去，我家住在某某大街某某胡同。"这就是传说中当年"小蘑菇"拜年要红包的故事。本来他是开个玩笑抖个小包袱，可那些爱听相声的老大爷、老奶奶，还有好奇和热心的观众，现在可以说是粉丝吧，当时记下他说的地址，大年初一一大早，真的来给我大哥送压岁钱，他们真的见到了台下的真人"小蘑菇"，自然惊喜万分。所以我家的地址早已是公开的秘密啦，按当时的名声和受喜爱程度，我大哥可以说是当之无愧的"国民儿子"。

　　父亲和我大哥连续三天在电台播音中向天津的广大观众们表示衷心的感谢，并进一步控诉了地痞流氓的罪恶，表示了他们不惧怕恶势力要更努力地为大家说好相声的决心。他们爷儿俩的这番话，又受到了更加热烈的欢迎。

　　从这件事可以看出我父亲的这种疾恶如仇、敢于斗争、一辈子不信邪的精神，所以他是从里向外散发着正气、英气、豪气的人。日后我大哥为国捐躯后，他完全不顾"好男不当兵"这种话，反而把家中的男男女女、子子孙孙 32 个人都送去当兵,在他晚年病重时儿子们都不在身边, 也毫不后悔, 所以他的爱国义举完全是他的思想、他的性格在他的行动上的体现,而不是停留在嘴边的口号,老爷子就是这么一个特别正的人。

三、启明茶社的创立

20 世纪 30 年代中期,相声艺术有了进一步的发展。京津两地和济南、唐山、保定等城市,演出相声已比较普遍。但是,多数艺人还都处在流散的环境中。

从当时的演出形式来看, 主要有三种:一种人还是随便找块"明地","圆粘儿""画锅儿""杵门子";第二种是到舞台演出,像张寿臣、我父亲和我大哥等;第三种是有固定场地,观众也有了坐的条凳,个别的还有顶棚。但是,即便有了"固定场地",由于条件简陋,组织工作差,艺人的演出收入还处于"刮风减半、下雨全无"的被动局面。

1937 年的春天,我父亲带着我二哥常宝霖,到北京的"新罗天"游艺场演出。因为我大哥的艺名"小蘑菇"在天津已出名,所以我的几个哥哥,均以"二蘑菇""三蘑菇""四蘑菇"往下排。我父亲离开我大哥后,就给我二哥量活,二哥擅长贯口,我父亲和"二蘑菇"的相声很受北京听众欢迎。我父亲每天上园子,回来还要给我三哥和四哥说活、练活。没有我大哥在身边,父亲的生活节奏比在天津还要快,而且我父亲多年没有回北京,就像唐诗里所唱"少小离家老大回",这里才是他的故乡,但是"儿童相见不相识,笑问客从何处来",长期没来这里演出,已然是块生地,生活的压力非但没有减轻,反而更重了。

119

一天，有位老观众散场后特地到后台找到我父亲，对他说：

"你们一家子都说相声，为什么不自己挑个班、弄个园子？"

父亲说："我们变戏法儿、说相声的，哪有钱呀？能进园子里说已经不错了，还真没有想过自己做园子呢。"

这位观众说："我能替你们找个地方，我给您投资，您敢不敢干？"

父亲不假思索地答应他说："当然敢。您说在哪？回头我看看去。"

老观众接着说："在西单商场中段里头，就是条件简陋了点。您要是看着行，我就把它租下来，咱别赔钱。不过因为我爱听常先生的相声，从您的'蘑菇'各个成才，也看出您的能为来了。您是个胸怀大志的人，您的志向绝不在这'给一大子儿说一段'上，我看好您的这份能耐，是个干大事业的人，情愿给您投资。您别担心，赚了是你们的，赔了算我的。"

我父亲听了此人的一番话，首先非常感谢这位老观众，他的举动及对常家的支持使我父亲大大动了心。

于是，我父亲让那位观众领着到西单商场去看。当时的西单还是一个由摊位和门脸儿组成的"商业街"，里头有"厚德""福寿""慧德""玉德"等几个有名的商铺。其中，厚德商场是1930年在西单开业的，从此西单百货业开始兴起。伴随着商业发展的同时，西单也出现了游艺场所，吸引了北京的艺人来此谋生。大火之后，西单商场的商家正要聚人气儿，那位观众也是有此意图，才把我父亲请到这儿来。

父亲一看这个老观众给他找的这地方，有二百平方米左右，撑死了能坐一百来号人，开个园子太小。合计了一下，干脆改叫茶社吧。起什么名儿呢? 父亲想了想,北京有明地、有书馆、有园子,还没有这么个茶社,咱们打头儿开始,既然是头一家,那就叫"启明茶社"! 字号打出去以后,有位观众说,这个名儿不错,天上有个启明星,跟你们的意思正相吻合。

四、门口的三块牌子

启明茶社开张以后,最初以曲艺为主,主要上演的是"什样杂耍",单弦、京韵大鼓、梅花大鼓、相声、双簧……说的唱的全有。演员除了我父亲和我二哥"二蘑菇"、我三哥"三蘑菇"以外,还请了唱奉调大鼓的魏喜奎、唱单弦的曹宝禄、唱梅花大鼓的郭筱霞等艺人。但北京类似这样综合性的演艺场所很多,在激烈的艺术竞争中,生意不太好,开支又大,账面上入不敷出,茶社渐渐维持不下去了。

我父亲去跟那位老观众说:"这么下去不行, 我们不能让您总赔钱,干脆都改相声吧,开相声大会! "这句话可不得了,因为北京的相声艺人一直在明地演出, 或者和其他曲艺形式搭班上杂耍园子,还没有专门表演相声的场所,开相声大会是大姑娘坐轿——头一回。虽然在天津,早几年已经有了南市的"连兴"和鸟市的"声远"两个相声大会,但是和启明不一样,那里还是撂地,并不属于真正室内舞台上的表演。江湖闯荡这么多年,我父亲已经看出来了,什样杂耍里就属相声最受欢迎,因为生活中需要喜剧,需要笑声,相声是在北京天桥诞生的,那北京为什么不能开相声大会呢? 再说,有了相声大本营,北京的同行们也可以不再受"风来减半雨来散"的辛苦,是造福相声界的一桩好事。

所以从 1938 年起,启明茶社即改成了相声大会,专门表演相声,这一项改革立竿见影,转变了经营模式,上座率果然上来了。

室内舞台演出加上相声大会,无疑使相声向前发展了一大步,相声从"杂八地"迈进艺术的殿堂,启明茶社无疑是具有划时代意义的里程碑。

我父亲担任启明茶社的"掌穴",同时兼任后台经理,主管相声邀角、组织班底和确定每天的演出内容等,主要的班底演员有我父亲和我的三个蘑菇哥哥(二蘑菇常宝霖、三蘑菇常宝霆和四蘑菇常宝华)、赵蔼如、刘德智、吉坪三、华子元、于俊波、侯一尘、郭荣起、王世臣等人,他给这个基本班底起名叫"长春社",期盼茶社的艺术之路走得长远、红火的意思。实际上他身兼业务主持、教师、演员三职。一上来他就约法三章,对参加演出的同行提出三点要求:一是要演完整节目,演出时尽量穿长衫;二是使活要"归路儿"(规范之意);三要净化语言,演出前要在后台认真准备。

别的不说,就拿穿长衫这一点,就是创举。原来说相声的"穷",都是短打扮,极少有穿长衫的,而启明茶社演员上台都穿长袍,服装上前进了一大步,说出话来也非讲究点儿不可。据李伯祥回忆说:"他办的相声大会把相声规范化了,要说规规矩矩的整段子,台上要摆桌子、扇子,有白手绢、有醒木,要是平地演出,一般的演员可以短打扮,穿个小褂儿也可以,但是要上这种台,必须得穿大褂儿,那个年代讲究这个。现在我们说相声也穿大褂,穿大褂儿不等于落后,它是一种规矩,是表示尊重观众,因为我上台了,跟平常的生活服装不能一样,这是对观众的一种尊重。"

老北京人印象最深的是启明茶社门口有 3 块牌子:"相声大会""文明相声"和"零打钱"。这三样在当时的曲艺界都属创新突破。头一块牌子"相声大会",前面已经说过,过去说相声的是"平地抠饼",从地上"画锅"到撂地都是"刮风减半,下雨全完",现在有了专门的相声大会,艺术造诣高的艺人可以全天在茶社里献艺。

说第二块牌子"文明相声"。过去说"万象归春",春就是"春口",那会儿的"春口"有一些低级下流的荤段子,说相声的行话叫"臭活",妇女和孩子不能听。启明茶社规定了表演的相声内容,必须是文明的、积极的、男女老少皆宜的,不说"臭活",坚决杜绝低级庸俗的荤段子。相声园子有了女观众,这也是破天荒的头一次。

1947年,启明茶社的相声大会中场出现了一个10岁上下的小演员,名叫赵振铎,由他的师爷、老演员赵蔼如捧哏。尽管"童言无忌",也适可而止。下面是两人表演的一个垫话:

赵振铎:"我这伙计说相声好几十年了,也比不了人家唱曲的女演员,人家唱曲的女演员唱完一段下场后,保不齐后门就有请吃个便饭的、送个袍(衣)料的。我这伙计说相声那么多年了,谁请他吃过便饭呀?"

赵蔼如:"从来没有。"

赵振铎:"谁送过他袍(衣)料啊?"

赵蔼如:"更从来没有。"

赵振铎:"可话又说回来啦,有人请你吃便饭,你敢去吗?"

赵蔼如:"有请的,我就敢去。"

赵振铎:"有人送你袍(衣)料,你敢要吗?"

赵蔼如:"有送的,我就敢要。"

赵振铎:"你知道人家安的什么心呐!"

以上垫话的词儿因是"死纲死口",使过多次,以致观众大都记得,童言无忌也不计较。

使"正活",说文明相声,大大扩大了相声的观众范围,开了妇

123

女、小孩进场听相声的先河。这是我父亲这一代老前辈了不起的
创举。

这第三块牌子叫"零打钱",是说启明茶社与别的杂耍园子不
同,进门不用买票,零打钱。"零打钱"不卖票,又与一般撂地零打钱
的场子不同。撂地场子打钱时见有人溜走便说"走的那位他家出事
啦,他媳妇跟二和尚跑啦",甚至咒念"他家着火啦"。启明茶社则不
然,在打钱时见有人走则说:"家赀万贯,也有一时不便。没带零钱
不要紧,来听我们相声就是捧场。"后来发展到卖牌,两块钱 5 个
牌,一个牌听一段相声。

舞台背景墙的正中间是启明茶社的牌匾,左边一块牌子,上面
写着"艺高",右面一块牌子,上面写着"风正",我父亲首创的启明
茶社以"艺高风正"作为号召,说干净相声,男女老少咸宜,逐渐改

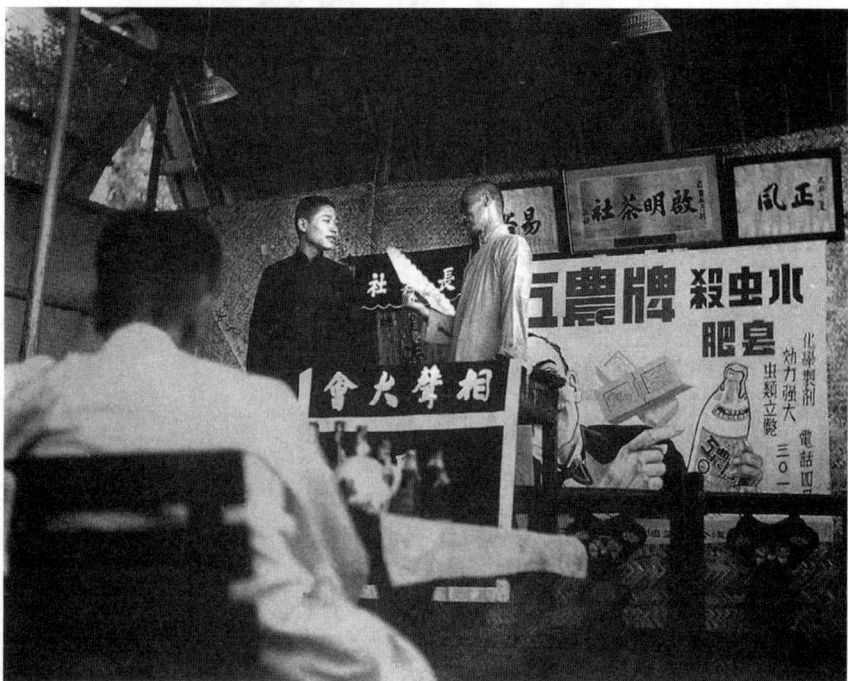

启明相声大会(摄于 1949 年,穆凯提供)

变了相声的格局,化丑为美。

五、启明有"四多"

启明茶社有四多:演员多,相声名家多,相声名段多,听相声的名人多。

一是演员多,从 1938 年开业到 1948 年歇业,十年左右的时间,有七十多位相声演员在启明茶社说过相声,每天轮流上场,几乎不会出现演员重复上台的情况,其中最多的一天有二十多位。

二是相声名家多,如辈分高和年龄较长的艺人有张寿臣、刘德智、华子元、吉坪三、马桂元、刘宪田、郭荣起、于俊波、赵蔼如、常连安、于堃江、侯一尘、张杰尧等,还有刘宝瑞、郭全宝、王世臣、白全福、罗荣寿、王长友、李宝琪、班德贵、马四立、孙玉奎、谭伯儒、高德元、于世德、李洁尘、李寿增、刘贵田、郭荣山、关春山等,都在启明茶社演出过较长时间。另有我家的"蘑菇团"、苏文茂、赵振铎、于连仲、于春藻、赵春田等少年演员,也在启明茶社熏陶受业。

侯一尘,原名侯殿魁,生于 1901 年,北京人。师承郭瑞林,与谭伯如、陶湘九、李寿芳、马四立、胡兰亭是同门师兄弟。15 岁时在丹凤公司做工,后又入古玩行学徒,20 岁左右开始在北京学相声及单弦牌子曲。从艺期间为相声大师张寿臣先生捧哏,在表演中纯朴亲切、善于节制,对张寿臣的表演起到了很好的烘托作用。侯一尘先生收了 8 个徒弟,当时戏称他是"唱《玲珑塔》的老师父",他的徒弟多以"春"字排辈,而且多为名家之后。1932 年收的大徒弟就是我二哥常宝霖,之后陆续收了弦师连德康的儿子白银耳(连春仲)、马桂元的儿子马敬伯、赵蔼如的儿子赵春田、于俊波的儿子于春藻以及关春山、张世芳等人。他还代拉谭伯如(谭凤元之兄)为师弟。

张杰尧，艺名张傻子，天津人，汉军旗人，祖籍浙江嘉兴，祖上世代做官。一生表演过四百多段相声，早年学过梆子戏，后来迷上天桥"万人迷"的相声，走南闯北，自编新段子，给北方相声带进许多新内容和新技巧。像从南方带来的学上海话、学唱卖梨膏糖调等，在表演上，他发托卖相好，装傻充愣恰如其分，学姑娘、老太太、上海商人、河南艺人形似又神似，惟妙惟肖。相声名家张寿臣曾赞扬他说："傻大爷一身都是嘴。"20世纪30年代中期，在北京西单商场的杂耍场中，张杰尧、高德明、绪德贵、汤金城、戴少甫被人们称为"笑林五杰"。张杰尧是当时相声演员中唯一留人丹短髭、着西装演出的一位。

马桂元，出生于1911年，1940年去世，他是"相声八德"之一马德禄的长子，马三立之兄，其外祖父是相声老前辈恩绪。师承"万人迷"李德钖，以善演"文哏"段子著称。马桂元自幼耳濡目染，说、学、逗、唱信手拈来。马桂元一方面拜李德钖为师，一方面接受父亲的家传。经过这样两位名师的亲传、调教和他自己的刻苦钻研，年轻的马桂元在京津两地崭露头角，他说相声最大的特点是含蓄，加之他有一定的文化水平，不仅能改编，还能自编自演，得心应手，特别是对一些文学性较强的段子，如《反八扇屏》《文章会》等，咬文嚼字，耐人寻味。可惜此人染上大烟瘾，29岁便英年早逝。他对相声界的最大贡献是以高标准、严苛的教育方法调教出马三立。

于俊波，北京人。少时曾做过排字工人，兴趣爱好广泛，喜爱单弦牌子曲、京剧、书法，尤其酷爱相声，肯下苦功学习。表演相声单口、对口、群口捧逗俱佳。师承焦德海，民国二十七年与戴少甫在北京新罗天说相声，与京韵大鼓名家刘宝全同台，声名日增。两年后，于俊波与戴少甫在天津燕乐戏院与京韵大鼓名家白云鹏同台演出。在这期间,他与戴少甫加工整理了传统相声《八扇屏》《戏迷药方》《数来宝》《打白朗》等,二人的表演配合默契,大受欢迎,成为津门五档相声之一。不想有一次说《打白朗》,天津青帮头子袁文会认为这是在讽刺他,带人到后台去殴打戴少甫,戴少甫被打后,不久即病故,于俊波只好回北平参加西单启明茶社的相声大会演出。

李洁尘和我的五姐常宝珊

李洁尘,北京人,出身艺人家庭,由于家境贫寒,曾在白云观当过道士,道号洁尘,后又还俗。曾在北京隆福寺相声场子随老艺人聂文治学说相声,与刘宝瑞、赵佩茹关系很好,1926年拜焦少海焦三爷为师,开始其演艺生涯,辗转于天津、北京、济南、徐州、南京等地作艺。李洁尘活路宽,脑子快。除以"贯口活"为特点外,最擅长的节目还有《王宝钏洗澡》《醋点灯》《怯算命》《老老年》等。1943年开始在启明茶社和晨光茶社演相声。"李大哥"[①]性格好戏谑,抗战时期过天津火车站日军检查口,曾经包一把没把的破尿壶耍弄鬼子,惹得周围看热闹的老百姓哈哈大笑,却让同行的刘宝瑞等人为他捏了一把冷汗。

王世臣,北京人,艺名"小迷糊"。10岁时拜著名相声艺人陈雨亭为师,后又从师张杰尧,活跃于北京"启明"、济南"晨光"及天津

---

①李洁尘是父亲拜把兄弟焦少海的徒弟,他称呼我父亲为"四爷",我们称呼他为"李大哥"。

各相声场所。抗日战争结束后,一次王世臣路过北京最繁华的商业街大栅栏,看见"瑞蚨祥"门前有个摊贩大声吆唤:"快来买嘞!快来买!日本人倒霉!中国人得济!快来买!"走过去一看,原来是卖价格极低的俘获日本生活用品、衣物。当时他和郭启儒合作,来到后台把在大栅栏看到的情况一说,二人一商量,当即在表演《卖布头》的"货声"里用上了。

乙:你一吆唤,我就知道卖什么的。

甲:你听这个(吆唤)"快来买嘞!快来买!日本人倒霉!中国人得济!快来买!这是卖什么的?"

乙:不知道!

顿时,观众席中爆发出经久不息的炸雷般的掌声和笑声。

三是名段多,所谓名段是指这个段子只有某个演员说得最拿手,观众最爱听,如张寿臣的《小神仙》、马桂元的《贼鬼夺刀》、我父亲的《山东斗法》《解学士》、刘贵田的《斩经堂》、郭荣起的《打牌论》、赵蔼如的《拉洋片》等。启明茶社上演传统段子去粗取精都很精彩,给观众留下深刻印象。如苏文茂的《卖五器》,孙玉奎的《打白朗》,赵振铎的《菜单子》,罗荣寿、李桂山的《黄鹤楼》,王世臣、赵玉贵的《拉洋片》等。

观众单点某一段相声,要单给钱。有时加演单口相声也多是观众点的。我父亲的《山东斗法》、赵蔼如的《日遭三险》,曾有过一个月中被连点三次和四次的情况。

艺人们每人都有自己的拿手节目。如张寿臣的"文哏"段子说得有滋有味,表演有深度,刻画人物非常细腻。像他的《窝头论》《哏政部》《文章会》《对春联》《卖春联》等都深受观众欢迎。

赵蔼如先生是我父亲的同龄人,又名赵吉瑞,满族,北京人。师承相声老前辈卢德俊先生。赵蔼如从艺之初,他在北京东安市场拜卢德俊为师,学说相声。卢德俊改说评书后,把他在东安市场的相声场子交给赵蔼如掌管,赵蔼如与冯乐福便在这里合作演出对口相声。1938 年至 1948 年,赵蔼如一直参加启明茶社的相声演出。1947 年曾被电影导演谢添选中,参加了电影《青梅竹马》的拍摄。赵蔼如擅说单口相声,说对口相声捧逗皆佳。他还擅演双簧中的"前脸儿"。加上长得大眼睛、厚嘴唇,演出憨态动人,培养了孙宝才(艺名大狗熊),是有成就的双簧演员。赵蔼如的徒弟有王长友、罗荣寿等,也是启明茶社的台柱子,赵蔼如老先生擅长形体表演,神情自然逼真,功底特别瓷实。他常使的《黄鹤楼》《醋点灯》《相面求财》等段子,都给观众留了下深刻的印象。

刘德智也是北京人,"相声八德"之一。早年即在御膳房当差,为人机警。后清室逊位,他为求生计,便投在徐有禄门下,作为卢德俊代拉培养的师弟,学说相声。年轻时与焦德海合作,在北京天桥、观音寺等处"撂地"说相声,出堂会、在百代公司灌制唱片等,刘德智老先生善于模仿妇女的言谈动作,他表演的《女招待》《打电话》等节目,生活气息特别浓。

吉坪三老先生经常说些评书片断,他使的"单活",如《张双喜》《张乙住店》等,又清楚又干脆,表情丰富自然。

华子元又名华德茂,是恩绪的弟子,擅演《戏迷传》。《戏迷传》是他模拟京剧艺人时慧宝、张春山编演的单口相声,一边讲戏迷的笑话,一边学唱京剧唱段。灌过唱片《戏迷闹学》。

王长友祖籍绍兴,出生在北京,少时学的是裱糊手艺,后来结识了刘德智先生,开始学习相声艺术,后拜相声前辈赵蔼如为师。王长友出师后就已是一名捧逗双全的相声演员,还擅唱太平歌词,兼演双簧。儿子王文林,爱徒赵振铎,再传弟子李金斗。因他的嗓音嘶哑,被称"麒派相声"。他和刘宝瑞合说的《俏皮话》《揭瓦》很受欢迎。

郭荣起是我三哥的师父,也是我的姑父。他是天津人,出身相声世家,幼年丧母,8岁随父亲郭瑞林学相声,11岁拜马德禄为师,1940年到北平加入启明茶社。先后与刘宝瑞、王长友、罗荣寿、于俊波等合作。郭荣起的表演活路较宽,说学逗唱都精通。模拟戏曲唱腔,神形并重,而且善于用环境的描绘来烘托人物。《打牌论》《学坠子》《学评戏》都有很高的艺术水平。郭荣起的为人也好,我父亲很器重他,让我三哥拜他为师,姑姑常俊亭后来成为他的夫人。

启明茶社最初200平方米,后来扩大到400平方米,装备也改进了,板凳改成排椅,夏天安装了电扇,演员们下场后有休息室,开始有了固定收入,管理进一步正规化。演员之间互相传艺、学艺,演艺技能大大提高,吸引了更多观众到启明茶社来看演出。演出从下午1点到晚上子时,每天演出都满座儿,赶上过节,观众爆棚,没座儿站着听。"启明"的相声大会,促进了北京相声艺术的发展,培养了北京人的相声欣赏水平,同时也培养了一大批艺术人才。

去"启明"听相声的名人多。在20世纪世纪三四十年代,启明茶社在京城几乎家喻户晓,观众的范围日益广泛,喜好相声的老北京人几乎都去过。除了一般市民以外,像号称"南张北溥"的画家溥心畬,著名的京剧表演艺术家荀慧生、言菊朋是启明茶社的常客,马连良、金少山、侯喜瑞、言慧珠、言慧兰、程永龙等也在启明茶社听过相声,电影界的导演、演员们,如白光、石挥、谢添、欧阳莎菲、李翰祥、李景波、殷秀岑等也常去启明茶社。后来成为著名相声演员的李文华、马季，当时只有十几岁，几乎天天"泡"在"启明"，还有侯宝林的二徒弟黄铁良也曾是启明相声大会的常客。毫无疑问，这些艺术家在成长的道路上，受到过"启明"相声大会的影响。

六、"蘑菇团"的一天

我家在北京住在西单牌楼达智营26号。达智营原名鞑子营，听街坊老人讲，这里原来是一条沟，上面有一座桥。清初时这里曾经驻扎着满蒙的旗兵，当时的汉人把蒙古人称为"鞑子"，附近居民就将此桥称为"鞑子桥"，这一地区也就叫了鞑子桥。后来河沟被填平形成了胡同，胡同也因桥得名为"鞑子桥胡同"。1912年后胡同名雅化为"达智桥"。南北走向，南到民丰胡同，北到皮库胡同。中华民国成立后改为"达智营"，按北京话念要加个儿化音——"达智营儿"，1965年更名为达智胡同，2000年被拆除，新建丽华苑小区。这条胡同里住着不少相声艺人，如侯宝林家、侯一尘家、黄铁良家、黄鹤来家等。

父亲很勤快，每天清晨早早起来打扫院子，用鸡毛掸子掸去家具上的浮土，然后把窗户都支开，换空气，不管外面有多冷，都要换一会儿空气。二哥、三哥、四哥起来以后，都要抓紧时间"遛活"（排练要上台演出的段子），这时候是最严肃的，父亲在一旁看着，发现谁的活不"瓷实"，就让谁冲着窗户反复地背，不能有唾沫星子打湿了窗户纸。

我家离茶社不算远。每天吃完中午饭，也就是12点刚过吧，我父亲带着我二哥、三哥、四哥到茶社去。后来三哥、四哥能自己去了，父亲怕他们上园子赶不及，就给他们每人买了辆小自行车。别

131

看这小自行车,可是一般人家少见的"稀罕物",平时没有演出的时候,车子就成了我家和整个胡同里小孩们的"玩具",经常是车把上坐一个,横梁上坐一个,后面坐一个,甚至坐五六个孩子,其中一个手里还提溜着四五岁的我五姐打吊吊,简直就像表演杂技里的"车技"一样。

爷儿几个到了启明茶社以后,例行做卫生,先打扫前台、后台。那个台口不大,也不算高,只有两级台阶。场面桌上铺着大红立绒

二哥常宝霖和三哥常宝霆

面的桌围子,上面绣着"相声大会"四个字。上方有三盏螺口吊灯,带灯罩的那种。背景墙不很讲究,中间挂着启明茶社的牌子,还有两个镜框,里面镶着"艺高""风正"四个字,是我父亲找书法家写的。这四个字也可以说是曲艺界"崇德尚艺"最早的体现吧。

后台不大,有七八尺宽,墙上挂着一个大镜框,里面有张大纸,茶社经常上演的三百来段相声的名字,工工整整地抄写在那上面。

桌子上放着钱盒子,旁边是个钱板儿,还有一堆"水牌子",那是预备着给观众们找零钱时用的。

爷儿几个正收拾着,这时候演员们陆续都到了。

启明茶社一天有两场演出,下午场和晚上场。我父亲安排每场演9段相声。

下午1点钟准时开场,先由我父亲或华子元、刘德智他们说段

单口笑话,有时候由吉坪三或我父亲唱段太平歌词,台下就慢慢地上座了。

二场、三场一般是由我二哥、三哥、四哥这几个蘑菇和苏文茂、赵春田等几个小孩演,赵春田是赵蔼如的儿子,苏文茂是我大哥的徒弟,苏文茂拜师学艺的经历也很传奇,据说他是我大哥相声的"疯狂粉丝",我大哥在电台录音时他每天在外面等候,最后我大哥收下他,然后把他送到启明茶社来学艺,渐渐在启明茶社里崭露头角。这些小学员的主要任务还是学习,演出作为必要的实践,非常锻炼人。

他们的另一项任务是帮助大人下去"打钱"。

台上这段说完了,我的几个"蘑菇"哥哥就端着笸箩走下来。"打钱"可是个学问,没"眼力见儿"干不好这个,首先要看准每个观众的大概身份。一般的观众,笸箩端到跟前,怎么也得给一个大子儿,遇上出手阔绰的主儿给仨子儿俩子儿的。要是有不乐意给的,台上就讲开了:"喂,您看我们这儿,灯有灯钱,凳子有凳子钱,家里十好几口儿都等米下锅哪!"不过遇上有钱有势的主儿,反而不好要钱,有的人梳着油头,敞着怀,一看就是个不三不四的主儿,你真找他要钱,闹不好他"翻"了脸,不但不给钱,还会凶你一顿!

还有一排最后面的座位,坐在那里的都是"爷",从来不给钱,至于为什么,后面还会讲到的。

到了傍晚四五点钟,观众有减少的趋势。但是不必担心,6点钟以后,人们在家里吃完晚饭便三五成群地进茶社听相声。晚上七八点钟是最兴旺的时候,台下坐得满满的,连走道都站满了人。由于节目精彩,观众被深深地吸引住了,客满的局面能够保持两个小时左右。

9 点半一过,是最关键的时刻,因为这时候走的观众,出去就不回来了,可以说是走一位少一位。因此这个节骨眼儿上登台的大都是很有声望的老先生,他们使的也全是脍炙人口的优秀段子。像刘德智的《女招待》、赵蔼如的《相面》、刘贵田的《斩经堂》、郭荣起的《打牌论》等,最后散场总得到 11 点以后。

我三哥"三蘑菇"常宝霆和我四哥"四蘑菇"常宝华经过勤学苦练,1944 年以后成为相声大会的"攒底"。他们的台缘是最好不过的,来"启明"的观众很多是冲着看"蘑菇"来的。当时我三哥约 15 岁,四哥约 14 岁,而在观众的印象里他们仿佛还是天真的儿童。那是因为约十年前他们俩与我父亲灌过唱片《小孩语》,几年后又拍过电影笑片《锦绣歌城》。

影片《锦绣歌城》讲的是两个农村小孩热爱京剧,于是进京看戏并寻找在大宅门当差的父亲,搞出许多笑料的故事。电影导演王元龙看过我三哥、四哥在舞台戏曲片《花田错》中的小孩戏"龙套"角色表演,十分赞赏。1942 年他开拍新电影《锦绣歌城》,让我父亲带着他们俩饰演主要角色,我父亲演一个正直憨厚的老农民,我三哥、四哥分别饰演那两个进城寻找父亲的农村小孩,两人天真活泼,幻想能够当演员,就上台演戏,引发出许多幽默风趣的情节,闹出不少的笑话。

电影上映以后,票房大卖,京津两地连日客满。有的电影院还特邀我父亲和哥哥们到场,电影放映之后,加演两段相声。

父亲对这次拍电影的成功有过总结,他认为舞台和银幕之间并不存在什么鸿沟,两种艺术形式都有可以互相借鉴的特点和各自的长处。"拍电影比起说相声,收入不多,受的累不少,可对我们帮助挺大。我们花点时间,下点儿功夫,也是十分值得的。"

后来我三哥和我讲过一些父亲在片场教育他们好好拍戏的事："当时拍电影和现在大不一样,不光演员手里没有分镜头剧本,导演手里也只是有个简略的情节构思。实拍之前王导演给我们讲讲情节、位置,让我们试着走一遍,可聚光灯一照,摄影机'咔嚓'一响,我和宝华却有'戏'也出不来了,有时我俩下意识撩一下镜头,被导演发现,厉声喊起来:'重来。'这就意味着刚拍的几十米胶片作废了。父亲就要教训我们兄弟俩一顿。父亲说:'你俩瞅着好玩是不是?导演为什么不高兴?还不是因为你们俩不争气吗?咱们甭管是拍电影还是说相声,既然干就要把它干好,不然的话,还不如不干呢!'"我三哥还说:"没有亲身体验的人,认为拍电影是个轻松愉快的美差呢,其实很不容易。那时,父亲每天在启明管着一摊事还要说相声,到了该拍电影的时候,带着我们抬腿就走,有时来不及吃饭,就把饭带到片场去吃。那时电影都是实景拍摄,《锦绣歌城》的北京就是北京城,像前门、西四牌楼、玉泉山、北海等,遇上天公不作美,摄影机出故障,都要带着妆等大半天,大眼儿瞅小眼儿地干等,真是个熬人的活儿。而且拍电影的收入并不比演相声多,除去制片厂提成,父亲还得去打点介绍人,大处小处哪儿都得想到了,根本没有赚到多少钱。我们当初以为拍了这部戏以后再接几部就能当电影明星的梦也就破灭了,还是好好说好自己的本行相声吧。"

打那以后,父亲更抓紧了对我三哥、四哥的相声训练,他们哥儿俩在我父亲的教习下,学会了大量的传统段子,但是创演的新段子更为突出,如《学电台》《影迷离婚记》等。

《学电台》报广告妙趣横生。"骆驼牌爱耳染色,一袋能染白布五尺、毛线半磅,黑的特别黑,蓝的特别蓝。您洗脸的时候用上一点点,洗完……"《影迷离婚记》化妆滑稽,声情并茂,笑料多。后边的大段贯口是当时热映的电影片名连缀起来的。20世纪三四十年代，广播电台和电影都是最流行的时尚，说这样的段子，令人耳目一新。他们所使的活，不论哪一块活，都是我父亲为他们量身打造和精心排练的。

我父亲为我们"蘑菇"子女的成长倾注了大量心血。那时为培养我几个哥哥说相声，可以说是煞费苦心。不仅是开蒙和个别辅导，而且以模拟现场演出的方式来进行。星期天，家里的孩子们放学早了，就坐成一圈当观众，父亲告诫他们这是严肃的事情，不许打闹，不许玩笑，不许随便说话。哥哥们站在中间表演，有不对的地方，父亲给纠正，讲这块活应该怎么使等等。有时，苏文茂和别的年轻的演员也来，有的人反复教教不会，他们忘词的时候，底下就搭话了，可能是大哥的儿子贵田（那时也就五六岁）就说下面该说什么了，给提词儿。再看旁边，我五姐、表姐们全都笑翻了。

常氏相声作为一个家族相声的存在，其传人之多，其鲜明的特

少年时期的常宝华、常宝霆，中间为我五姐常宝珊

色,在中国是首屈一指的。我父亲亲自做我们说相声的开蒙师,堪称是启蒙教育家,他有宗旨、有目的、有意识地培养子女传承这门艺术,可以说,在中国相声界也是第一的。

七、巧妙的斗争

那时的剧场、茶社,最后一排不卖票,那十几个座位是专给伪警察和侦缉队特务们留的,叫"弹压席"。这帮家伙不花钱,白看戏,你还得好烟好茶招待着,好言好语说着,当时在四存中学上学的张培心在"启明茶社二三事"这篇文章中回忆说:

> 启明茶社是处矮房,屋间不甚宽敞,光线很暗,全靠房顶一天窗透光。有一偏门,供听众进出之用。它的邻居净是卖豆腐脑、烧饼、荷叶粥一类的小吃摊床。

> 老一辈相声演员张寿臣、常连安、郭荣起、赵蔼如等人,就在这个茶社里表演相声段子。表演时间一天分两场,早10点到下午2点;下午4点到晚10点。除老一辈演员外,还有小字辈的学艺相声演员做垫场表演,如小蘑菇、二蘑菇、三蘑菇、四蘑菇等。常连安老先生登上舞台,在没说段子之前,时常用郑重而又严厉的口吻向听众说:"我是蘑菇团的团长(几个蘑菇都是常老先生的儿子),别看我们父子在台上任意戏谑、怒骂,可是在台下我们是有家法的。"在当时,我只能认为常老先生的这段话是自嘲而已。可是在今天我却理解到,这是老先生对当时社会上缺少伦理观念、道德败坏和奸臣逆子的讽刺。

> 相声演员并没因伪警宪刁难而停止他们的斗争。一有时机,他们就在表演的段子里嵌进讽刺敌伪的台词。如,讽刺敌

伪"联银券"(伪华北联合银行发行的伪币简称)说:"孔子拜天坛——五百当一元(五百元票面上有孔子、天坛铜版像)。演员把台词镶嵌得非常巧妙、含蓄,弄得坐在听众后面"弹压席"上的伪警宪啼笑不得。演员们就是利用这种艺术手段有力地嘲笑正在摇摇欲坠的敌伪政权。

那时听相声的付钱办法是逐段打钱。每到一段,演员把桌上的醒木一拍,即拿起柳条编制的小钵,走下台来逐个敛钱。除一些热爱相声的真正听众外,为数不少的是流氓、阿飞、狗腿子之类的人。他们都是以"摇头票"付钱的。这种行为引起演员们的无比气愤,敢怒不敢言。日子久了,演员们也从这群坏蛋身上摸索出了一些规律。要生存,就要斗争,于是他们就编说了"吹哀乐、报丧、送殡"的段子,来和坏蛋进行针锋相对的斗争。

有一个星期六的晚上,因无自习,我便去茶社听相声。我感到新奇的是,说段子的演员(侯一尘)一会儿学报丧,一会儿学送殡,一会儿又学吹哀乐,说着说着穿上孝衫,系上麻绳由舞台走下,学着报丧的大哭大号的腔调,来到平素竟给"摇头票"的那些家伙跟前打钱。弄得这群坏蛋十分尴尬,狼狈不堪,只好灰溜溜地逃走。

那时,相声演员的生活十分清贫。我常见他们就在茶社后面的露天处架起小锅煮些小米粥糊口。穿着只是一双粗布鞋,一件灰或黑的布大褂。

演员们倒霉的是怕遇到"堂会"。一有"堂会",茶社一连几天关门,去到那戒备森严的伪"华北政务委员会"王揖唐、王克敏等汉奸头子那里做堂会。别说给钱,不挨耳光就万幸了。此外,还得应酬汉奸北京市长刘玉书,绥靖总署督办杜锡钧以及大大小小的汉奸头目,同样得不到好的对待。

日本投降以后,满以为日子能好过点,没想到国民党来了,设立的苛捐杂税多如牛毛,什么"文化税""娱乐税""卫生税""安全税"……名目繁多,哪个不交都不行。比如你没交卫生税,哪天正演出呢,来了一帮"检查员",说你卫生不合格,一句话就能封了你,不让营业,那时候你磕头作揖说好话,还得拿出比税多几倍的钱打点这帮"大爷",这杯罚酒可不是那么好喝的。

我父亲他们想出许多巧妙的办法与警察、税官们做斗争。警察、税官们十分狡猾,他们为了防止我父亲等人"偷税漏税",竟派设专人到启明茶社后台坐镇。一天演出结束,他要亲自清点我们的总收入,按比例分成让我父亲他们缴税。怎样才能逃脱这只恶狼的眼睛呢? 我二哥眼珠一转,想了个好主意,他提醒我父亲:

"爸爸,您不是会变魔术吗? "

"你是说做个门子? "

"对呀。"

"咱爷儿俩想到一块去了。"

于是,我父亲让人把台上的桌子面挖个窟窿,底下装上带弹簧的板儿。这样,"打钱"的时候,零钱不动,捡那大张的票子往窟窿里边塞。大部分收入就这样保留下来,弄得警察和税官干瞪眼,毫无办法。

八、兼唱太平歌词

启明茶社的节目单子里,还有我父亲的太平歌词作为单独节目演出。

太平歌词形成于清代，顺治年间已有之，故宫岔曲中，已有太平歌词的名称了。演员演唱时手持两块竹板，敲打出轻音、重音和连环点作为伴奏，称为"手玉子"。太平歌词的内容，有民间传说故事、劝世文和文字游戏三类。北洋军阀时期，听说有艺人编过《世态炎凉》，第一句唱的就是"中华民国颠倒颠"，夸张讽刺特色鲜明。我父亲很喜欢太平歌词。

20世纪20年代中期以后，郭瑞林、吉坪三、汪兆麟等人对太平歌词做了一些改革，丰富了曲调和打板，全曲上韵，独立演唱，有了大段正活，能独立表演15分钟以上。吉坪三的女儿吉文贞，艺名荷花女，唱得最好，曲调既舒缓又优美，按照女声的特点，增加了上滑的装饰音，到了40年代，荷花女的太平歌词竟风靡了京津一带。我父亲、我大哥、我二哥、赵佩茹和荷花女合作过反串小戏《打面缸》等，剧场效果火爆，非常受欢迎。

父亲决定唱好太平歌词，他虚心向同行艺人学习别人的长处和表演技巧。那时候，相声演员"万人迷"、焦德海、郭瑞林等人都唱得比较好，尤其是郭荣起的父亲郭瑞林，他的嗓音条件好，平时说相声就以"柳活儿"和"贯口"为擅长，唱起太平歌词来效果甚佳。此外，还有几位专唱太平歌词的演员，像汪兆麟、吉坪三和荷花女等，水平都比较高。其中汪兆麟从1929年放弃相声，专唱太平歌词，在天津独树一帜，脍炙人口。于是，我父亲同这些人来往甚为密切，相互之间共同探讨太平歌词的继承、改革和发展。

我父亲和汪兆麟、吉坪三成为相互敬重、相互信赖的朋友，他在天津电台演唱太平歌词，因为他有京剧的唱功功底，善用擞音，听上去委婉细腻，悦耳纯净。

　　三四十年代说相声的场子里,经常"花插"着唱太平歌词。有的在说正式段子之前"垫话"时唱,有的就作为单段节目唱。太平歌词是一种数唱形式,演员手持两块板,开口就唱,并无丝弦伴奏。太平歌词的曲调并不复杂, 但唱好了也不容易。它要求演员要口齿清楚、节奏分明、抑扬顿挫、错落有致。父亲钻研它,不仅是为了多个节目多一项收入,更主要的是他要多掌握一门艺术。父亲常跟我们讲:作艺的人应当干到老学到老,多学一手有好处,艺多不压身嘛。

　　经过自己刻苦钻研和名家们的帮助指点, 我父亲的太平歌词很快地成了一个独立的节目。像《韩信算卦》《饽饽阵》《白猿偷桃》《打黄狼》《小上寿》等,他都唱得十分出色,也上过电台,在观众中有很大影响。在启明茶社,我父亲除演相声以外,兼唱太平歌词,把一度沉寂的太平歌词中兴起来, 使相声场中杂糅太平歌词成为一个传统。

　　下面分析一下我父亲常演的太平歌词。

　　一是《小上寿》,唱词是这样的:

　　　　一轮明月照松林,一母所生三位女钗裙。大姑娘许配一位文秀士,二姑娘许配一个武举人,三姑娘嫁给一个庄稼汉,憨头憨脑是个粗人。这一天老员外寿诞之日, 姑娘女婿都来庆贺生辰。大姑爷买来寿桃与寿面,二姑爷上等寿酒献上几斤。三姑爷本是庄稼汉,他把那黄瓜干儿、倭瓜子儿、葫芦条子端来几盆。酒席宴前说闲话, 员外手持胡须笑吟吟:"今日饮酒不同别日,三位爱婿说个酒令儿显显学问。酒令儿要人字儿起来人字儿落,合辙押韵两头儿人。"大姑爷起身连说:"我能对,酒令是:人能宏道,非道宏人。"大姑爷刚坐下二姑爷站起,说:"人(仁)者安人,智者利人。"三站爷庄稼汉不通文墨,急得他汗流满面湿透衣襟。大姑娘见此情景咧着嘴儿笑,二姑娘偷着拿手捂嘴唇。三姑娘实在挂不住劲,挽着袖子就把手伸。照着三姑爷大腿根儿拧了一把,三姑爷大声说:"人不拧你,你怎么拧人?"

这段唱词来源于我国各地流传的民间故事《三女婿上寿》,京、津地区习惯称女婿为"姑爷"。唱词中在老丈人的倡议下,三个姑爷比赛酒令,规则是说两句话,人字起人字落,"合辙押韵两头儿人",大姑爷、二姑爷顺利过关,唯有庄稼汉三姑爷做不出来,大姑娘、二姑娘偷偷嘲笑,三姑娘气得拧三姑爷一把,三姑爷脱口说出来一句话,"人不拧你,你怎么拧人?"恰巧合辙押韵,正是一个好酒令!我父亲演唱的这段太平歌词把七个人物刻画得惟妙惟肖,后面两翻一抖的包袱儿,褃节儿、火候到位,风趣幽默。

《饽饽阵》也是他非常拿手的段子,以拟人化的手法写北京小吃,一开始从"烧卖出征丧残生"唱起,表现各种吃食大战的场景,一直唱到"请来了光头饽饽有神通"前来摆阵:"摆了座四门兜底锁子八宝攒馅的包子阵,恰好似千层饼儿五花三层。四门把守着油炸鬼,糕干以上挂红灯。窝窝头安在了戊己土,肉火烧安在了南方火丙丁。正西方庚辛金扁食作乱,正北方壬癸水水晶饼儿闹得更凶。正东方硬面饽饽甲乙木,他把那金刚宝镯祭在了空。月饼当空照如白昼,把一位年糕老将打入阵中。丝糕一怒前去破阵,进阵碰见圆眼儿烧饼。糖耳朵败阵逃了活命,蜜麻花站在阵中喊连声。他倒说烫面饺儿死在了笼屉阵,煮饽饽跳河是一命倾。就数那鸡蛋卷儿、薄脆死得苦,脑袋上揍了一个大窟窿。豆沙糕儿闻听吓了一跳,奶卷儿小姐是泪盈盈。丝糕一听撤了人马,蜜麻花阵阵不住地喊连声。如有人破开了这饽饽阵,除非是饿膈来了啃个土平。"提到的老北京的小吃有七十多种:烧卖、肉饼、锅盔、火烧、吊炉烧饼、荞麦饼、红盔、馒头、小米面饼子、馓子、麻花、锅饼、花糕蜂糕、大八件、核桃酥、口酥、松饼、鸡油饼、枣花儿、发面饼、油糕、三角板毛、芙蓉糕、槽子糕、黄杠子饽饽、鼓盖儿、藕粉、茶汤、冻果、南糖、玫瑰饼、花卷、豆包、螺丝转儿、双麻糖、燎花儿、豆糕、切糕、豌豆黄儿、炸糕、煎饼、粽子、干蹦儿、元宵、艾窝窝、麻榛、薄脆、消饼儿、江米条儿、太师饼、饽饽、包子、千层饼、油炸鬼、糕干、窝窝头、肉火烧、扁食、水晶饼、硬面饽饽、金刚宝镯、月饼、年糕、丝糕、圆眼儿烧饼、糖耳朵、蜜麻花、烫面饺儿、煮饽饽、鸡蛋卷、豆沙糕儿、奶卷儿等。其中有很多在饭桌上已经绝迹了。《饽饽阵》唱词雅俗共赏,脍炙人口,内容十分贴近百姓大众的日常生活,成为当时太平歌词中的熟段。我父亲唱到最后还要加上一句吉祥话:"这是一段饽饽阵,我祝大家阖家欢乐、福寿康宁。"全部唱下来比较长,拢住观众的神很不容易,我父亲的演唱层次分明、不躁不闹、字正腔圆、圆润悦耳,不论是去电台还是在舞台上唱这段,都会受到观众的热烈欢迎。

《韩信算卦》《白猿偷桃》《打黄狼》都是故事性很强的段子,在其他的曲种中也有演唱,至今相声中还在使的"柳""汉高祖有道坐江山,有君正臣良万民安",正是《韩信算卦》的第一句。韩信将军为汉高祖刘邦立下了汗马功劳,却落得一个含冤短命的下场,于是民间艺人在深为惋惜的同时寻求一个合理的解释,那就是"五不该"折寿四十年的故事,"算得一个三齐贤王长叹气,看起来争名夺利也是枉然"。

143

《打黄狼》来自中国古代寓言《东郭先生》，傅公子发善心救了黄狼，狼忘恩负义要吃掉公子，公子醒悟，把狼关进书箱，最后猎人杀死恶狼，公子写下劝世文章："劝君莫交无义的友，狼心狗肺是不久长。"《白猿偷桃》讲述了孙子与白猿结识获得天书的神奇故事。白猿偷桃孝母，被孙伯陵抓住，话语投机，结拜为兄弟，白猿回家对母诉说，母亲说出孙伯陵的身世是孙武子，并拿出天书三卷让白猿交给孙武，所以孙武日后能写出《孙子兵法》并流传后世。

新中国成立后，我父亲继续演出太平歌词，除了《白猿偷桃》以外，还演《雷峰夕照》《刘伶醉酒》等传统曲目，新编太平歌词《抗日英雄赞》等，能在铺场中即兴创作笑料，成为保留节目。在父亲熏陶下，我大哥也能演唱太平歌词，他新编的《新王小过年》反映了工农兵喜迎解放、跟着共产党走、夺取抗美援朝胜利的决心，发表在 1950 年的报纸上，也是我大哥参加志愿军慰问团在战地演出的节目。

九、郭荣起成了我姑父

姑父郭荣起是我父亲的师弟，当时在东北锦州说相声，其父郭瑞林是著名的相声艺人，1940 年他为父亲奔丧回到天津，我大哥和陈士和先生请他到水源德饭庄吃饭，我大哥问郭荣起东北生意如何？郭荣起回答说还不错，我大哥劝他一个人别老在外地跑，告诉他我父亲在北京办了个启明茶社，前景很是看好，让他到那里发展。还说了一件"好事"："我有个姑姑年岁也不小了，现在还没结婚，您去北京时见一见，如果您两人互相有意，那么咱两家可以联姻。"郭荣起听了我大哥这一番话，决定去北京一趟。

到了北京，我父亲热情地接待了他，见到了我姑姑常俊亭，两

郭荣起和外甥女常宝珊

人都很愿意,我父亲告诉他我姑姑已同意了这门亲事,郭荣起很高兴,当即留下了"定礼",然后对我父亲说:"我要回锦州班社里,把那边的事情办妥了再回来。"过了不久,郭荣起回到北京,我父亲以"准大舅哥"的身份安排郭荣起住在我家里。

一开始郭荣起和我二哥搭档,为我二哥捧哏。演着演着,有观众在台下喊:"倒个个儿吧。"他两人明白,观众是让逗哏和捧哏的位置换一下,姑父感到为难,但我二哥很爽快,说:"叔,你别为难,听观众的,咱爷儿俩倒个个儿。"到后台征求我父亲的意见,我父亲也欣然同意,最后他们满足了观众的要求,一来二去郭荣起成为逗哏的了,北京观众喜欢听他俩说的《卖布头》《怯拉车》《闹公堂》等段子。

我大哥在天津组织了兄弟剧团,有时带着陈亚南、荷花女和其他演员组成的团队到北京演出,我大哥一见到郭荣起就催他结婚,说："您来北京一年多了,我姑姑也不愿意出去演出,我跟我父亲说说,您二位把亲事办了吧。"爷儿俩一合计,我父亲帮郭荣起定好了结婚日期,亲自操持妹妹妹夫的结婚大事。

1941 年 10 月 18 日,是姑父郭荣起和我姑姑常俊亭拜堂成亲的大喜日子,新房是在顺直门外校场四条的他亲戚家的房子,当时在那地方住的有说评书的陈荣启,还有我老舅家也住那条胡同。从我家达智营用大花轿送我姑姑到校场四条,帮姑父接亲的是他父亲郭瑞林的徒弟侯一尘。

郭荣起和常俊亭结婚合影

要说姑姑和姑父,也算是天造地设的一对有缘人,两人生性比较腼腆,原来每天打头碰脸,但碍于"男女之大防"的封建思想,不敢说话。拜过花堂入洞房,两人终于有机会谈心了,姑父问姑姑有什么心里话对他说,姑姑很干脆地讲:"结婚后我不想出去唱大鼓,我在家里多干家务活,行吗?"姑父说:"你在家管家务吧,我出去挣钱,可是我这点儿能耐你是知道的,挣了干的吃干的,挣了稀的喝稀的,委屈你了。"我姑姑说:"我不挑你,有什么吃什么。"我姑姑和我二姐常宝珠感情很好,宝珠也受我姑姑之托付,经常照顾姑父生活上的事情。

姑父后来成为我三哥的师父。三哥常宝霆生于 1929 年,自幼随父常连安学艺,9 岁登台,11 岁便在启明茶社演出。12 岁时拜我姑父为师,憨厚实在,刻苦认真练活,14 岁时正式与大他 10 岁的白全福结成对子,成为启明茶社最年轻、最火的一对演员。

白全福,1919 出生于北京的一个艺人世家,他是天桥著名艺人"云里飞"之后,幼年随父亲"小云里飞"学滑稽京剧。15 岁说相

常宝霆、白全福演出照

声,18 岁正式拜于俊波为师。出师后,与罗荣寿、郭全宝等在济南演出。1942 年末回到北京,在启明茶社与常宝霆合作,珠联璧合,在相声界颇负盛誉。他和我三哥合作四十余年。在长期的合作中形成了严谨、机趣、炽热、绘声绘色的艺术风格。

十、十年辛苦不寻常

从 1938 年启明茶社相声大会成立到 1948 年歇业,走过了十年历程。这十年,是相声发展的十年,由我父亲创建的启明茶社推进相声向上迈了一个台阶。这十年,是相声作为一个产业从起步到成熟的十年。这十年,也是常氏家族相声振兴发展的十年。媒体人梁宏达曾说:"常家对相声的贡献有两个层面,一个是传承,一个是组织,常家的传承不仅仅是老常家自己人,包括师父、徒弟、搭档都是中国相声界最顶尖的人物,可以说,老常家一家人不仅自己人,甚至师父、徒弟、搭档都构成了当时中国相声的一个顶峰。"

相声从撂地走到今天,已经成为一个产业,我父亲可以说是最

早的相声产业的企业家。启明茶社的培训功能,也是相声传承的重要方面,苏文茂是我大哥的徒弟,但他并没有和我大哥一起待在天津的兄弟剧团里,他的成才之路是从启明茶社起航的。

苏文茂的徒弟刘俊杰说:"我师父跟我们说过,常连安很伟大,他不只是个演员。'哎,我说一段相声,你给我多少钱?'他是一个企业家,能够广收人才。常连安先生是一个有胸怀的、大度的人,如果你觉得不想在这干,到别处去,和他说了,他会请你吃饭,欢送你走;如果你在外面没混好,愿意回来,'好,我请你吃饭,欢迎你回来。'在相声界很少有这样的人啊!真的是爱护人才、聚拢人才。相声界的几大家族相声,侯家、马家,都和常家交好。侯家人拜常家人为师,马三立收常家人为徒。他们几家的交情很深厚,都是三四十年代在"启明"时期结下的。

"另外常先生还是一个很有想法的人,他的奋斗不是为了家族,家族他已经带出来了。他爱相声,希望相声辉煌、发展。他从根本上扭转了相声撂地的面貌,不说荤相声,而是研究活,提升活。

"他还可以说是一位教育家,启明茶社开办十年,在这期间,相声界几乎没有几个没在这里说过相声的,都说过。常家'蘑菇团',我师父苏文茂,还有于春藻、于连仲、赵春田,都是在这里成长起来的。"

正如京剧界有富连成,相声界有启明茶社,而我父亲作为相声界唯一坐科富社的艺人,他所创立的启明茶社确实是带有当年富社的影子,是不折不扣的相声大学堂,被誉为"相声界的黄埔军校"。它所创造的边学边演的模式、集训的模式、有文本的"死纲死口"模式、演出前的排练、演出后的总结和改进,所有这些与旧式撂地艺人一对一的口传心授、随意性大等有了很大的不同,可以快出

常宝霆、苏文茂、马志存合说相声《扒马褂》

人才,出拔尖人才,提高了艺术品位,向现代学员制迈进了一大步。

天津艺术研究所研究员陈笑暇在 1988 年出版的《天津文史资料选辑》"记相声前辈常连安"一文中总结说:"常连安在启明茶社主持业务的十年,也是常氏相声蓬勃兴起的十年,他在向子传艺、为子捧哏中,不断积累,丰富相声技艺,自身表演能力也不断提高。他除捧哏外,还能逗哏和说单口相声。他口齿伶俐,台风潇洒,长于模拟人物声音、形态,各种'杂学'惟妙惟肖,不论哪类相声节目和高难度技巧,他都要亲自排练演出。"

"南晨光,北启明。"北京西单的启明茶社是相声四大茶社的代表(其他三个是济南的晨光茶社、天津的连兴茶社和声远茶社),成为民国时期相声发展的标志,书写了中国曲艺史上浓墨重彩的一笔。

第四章 新生活

一、新旧社会两重天

1948 年的京、津,笼罩在黎明前的黑暗里,北平解放前夕,人民解放军雄兵压境,国民党反动派风雨飘摇。和所有的剧场一样,启明茶社也停止了演出,父亲失去了生活来源,只好开了一家药铺叫"小安堂",维持一家人的生计。那时我还不到一岁,父亲、母亲带着我住在北京的达智营,我大哥和二哥、三哥、四哥等都在天津。七姐和五哥则是住在北京我舅舅家里。

到了 1948 年底,父亲在报纸上看到天津战事吃紧,不知道我哥哥们的情况怎么样,想通封信也不可能,每天心都悬在半空中。他看到国民党的伤兵在北京为非作歹,国民党政府滥发金银券,物价飞涨,弄得怨声载道、民不聊生,心中盼望着解放军能够早一天打来,祸国殃民的国民党反动派快点完蛋才好。

1949 年 1 月 15 日,天津城解放了,我三哥不等铁路通车,随着成百上千的人一起,徒步走到北平去。

一见三哥,父亲急切地问他:"老三啊,你快说说,天津的情况怎么样?"我三哥说:"天津的战斗打得很激烈,有时屋顶上都是兵在跑,也不知道是哪方面的,后来枪声渐渐停了。前天一大早,我和大哥推门出去一看,解放军战士都睡在大马路上,很感动,平生谁见到这样守纪律的军队呀?可是咱们老百姓不明真相啊,所有的店铺都是大门紧闭，谁叫也不开。战士们既没水喝，也没干粮吃。我们就让几个战士跟上我们，到水铺儿门口叫门，水铺掌柜的一听是我们就开了门，战士们喝上了水。后来，我又敲开了一家干鲜果店铺的门，战士买到一些食品。解放军执行三大纪律八项注意，是人民的子弟兵。"父亲听了高兴地说："太好了，你们做得对。"

在四面楚歌中，北平的国军守军总司令傅作义将军深明大义，弃暗投明，宣布和平解放北平，1949 年 1 月 31 日，解放军浩浩荡荡开进了城，人民群众欢欣鼓舞，纷纷走上街头，跳起欢快的秧歌，庆祝解放。

天晴了，人民翻身做主人，旧社会的艺人们成了"文艺工作者"，社会地位提高了。人民政府十分重视文艺工作，举办了一个"戏曲演员讲习班"，我父亲和我三哥都参加了。讲习班上所讲的主要内容是新民主主义革命史和党的文艺路线与政策，目的是帮助艺人们树立文艺工作是为人民服务的思想，引导大家走革命的道路。这个讲习班对我父亲的思想触动很大，他老人家开始对共产党和人民政府的方针政策有了初步的认识。

没过多久，在人民政府的关怀和支持下，一些剧场、园子恢复了演出，我父亲在鼓楼后门附近，发起组织了一个"北城游艺社"。游艺社演出形式比较丰富，不仅有曲艺、相声，还有一些"反串小戏"。其实在启明茶社期间，也演过"反串小戏"，比如《法门寺》之类的，当时有个名字叫"笑剧"，这些"笑剧"借助化妆道具以及夸张的动作和滑稽的语言，往往比相声还可笑，在上座不太好的时节上演能招徕观众。北城游艺社演的是《打面缸》《钓金龟》《一匹布》之类的老戏，后来文化局的干部深入游艺社，给我父亲拿来一些新剧本，都是解放区演出的秧歌剧和活报剧。

《打面缸》剧照。左起：常宝玉、常宝环、常宝珊、常宝霆（女扮）

在要不要演新戏的问题上，艺人们产生了意见分歧，一起来找我父亲，让他定夺。我父亲说："演新戏，我心里也没底，不过，我看这些戏的内容都是演工农百姓的故事，又是从解放区来的，挺新鲜，咱们用心排练，尽量演好，也许能受欢迎。"于是大家决定排新戏，我父亲和我三哥都投入排新戏的工作中，克服重重困难，演出了《四劝》《兄妹开荒》《关公整周仓》等新戏，没想到演出后很受观众欢迎。这对我父亲来说，是一个很大的鼓舞。

不久，我二哥常宝霖和搭档全长保、我三哥常宝霆和搭档白全福、我四哥常宝华和搭档苏文茂，都辗转回到了天津，他们一起成立了"红风曲艺杂技社"。大哥常宝堃和搭档赵佩茹，仍然与陈亚南、陈亚华在兄弟剧团。1950 年 12 月，天津市人民政府逮捕和枪毙了恶贯满盈的青帮汉奸头目袁文会，掀翻了长期压在艺人头上的一座大山，真是大快人心！我父亲继续留在北京，一家人开始了迈步走在社会主义康庄大道上的新生活。

我父亲常常对我们说，他是活过几个朝代的人，他经历过清政府的腐败无能、北洋军阀混战、日本鬼子的侵略、国民党统治下的民不聊生，旧社会真是国破家穷啊，中国人的腰板就没有挺直过。如今共产党来了，人民翻身了，中国人民站起来了，我们这些穷艺人受到了前所未有的尊重。

旧社会，艺人们为了挣口饭吃，即使得病了还要勉强上台，有的就倒在台上，有的到死也没有一分钱的积蓄，无法下葬，艺人们只得义演为他们凑棺材钱。在新社会都不可能有这样的事。

在旧社会，我父亲见到太多艺人的悲惨遭遇。他对我们讲：为什么好多艺术成就很高的艺人却不愿意让自己的孩子从艺？还不是因为艺人地位低，旧社会拿艺人不当人看。就拿"万人迷"来说吧，"万人迷"李德钖当时誉满京、津两地。清末一个王爷，派人找来老艺人"万人迷"李德钖，问他："听说你说相声的能耐大，我就不信，你能说一个字的相声把我逗乐吗？逗乐我有赏，逗不乐就别再北京混了。听清楚了，只许你说一个字，多一个字也不行！"说一个字把人逗乐，这个要求太苛刻了，几乎不可能。但"万人迷"为了能在北京待下去，不得不答应王爷。为了对付这个王爷，他找到自己的义兄、盲人弦师刘先生，嘱咐他听自己的指挥，然后让他在荷花池旁边的石头上坐下。请王爷来了后，"万人迷"对刘先生大喊了一个字："蹦！"于是刘先生高高一蹦，掉池子里面了，王爷立刻哈哈大笑，重赏"万人迷"。

你看这"万人迷"的能耐大不大？可在旧社会怎么样啊？最后落了一个冻死街头的悲惨下场：1926年他在东北沈阳小河沿演出时得了重病，死在小河沟里，身穿破皮袄，下身单薄，被人发现时尸体已经冻僵了，艺人们让木匠钉了一个木箱子，在大风雪中挖坑下葬。

我父亲教育我们酒少喝，烟要少抽，千万不要沾毒品。在旧社会，很多演艺水平很高的演员吸鸦片、抽白面，要强、奋斗的精神让毒品给吞噬了。

比如说早年在启明茶社说相声的马桂元，他是"相声八德"马德禄的长子，也就是马三立的哥哥，可以说是相声才子，有家传的耳濡目染和师父"万人迷"的亲传，加上刻苦钻研，以擅演"文哏"段子著称，20多岁在京、津两地崭露头角，但不幸染上了大烟瘾，29岁过早地离世。

还有唱天津时调的高五姑，她幼时被拐卖，7岁时拜弦师为师，正式学艺。唱靠山调、鸳鸯调。她有天赋的歌喉，气力充沛，异于常人。擅唱"悲调"，人称"悲调大王"，《大五更》一唱三叹，余音绕梁。30年代时灌制唱片，蜚声曲坛。但是后来年老色衰失去登台机会，1943年秋冬时节，冻饿交加，毙倒于南市街头，时年仅50岁。

"这些都是艺人在旧社会的悲惨遭遇。新社会新政府重视文艺工作，把我们艺人称为，'文艺工作者'，真是新旧两重天啊。我们怎能不感谢共产党、感谢毛主席？怎能不响应共产党的号召，全心全意地为人民服务呢？"我父亲深有感慨地说。在共和国的17年岁月里，父亲正是用忘我的工作精神，对艺术的刻苦

父亲在第一中心医院表演古彩戏法

钻研和服务于人民群众的决心来报答党的恩情的。

他在晚年病重时，撰写了几十页稿纸的《自述》，讲述旧社会自己一家的苦难遭遇和新社会自己成为人民代表、担任曲艺团长、患病吃"劳保"，最后说："我们要把新旧社会比一比，我们的第二代也好、第三代也好，我们听了今昔对比这点故事心里有什么感想，今后对新社会应当尽些什么责任，怎样对得起党的培养，我们第二代和第三代，大家谈谈还是很必要的。"

二、大哥参加赴朝慰问团

1950 年，我大哥、二哥、三哥、四哥都在天津演出，那时候，我父亲时常从北京给他们哥儿几个写信，不断询问和了解他们的工作和学习情况，同时也讲述他自己参加政治学习后，在思想认识上的一些新变化，尤其是老人家的思想很开明，不墨守成规，时常鼓励他们要紧跟时代，多创作和演出新相声。

我大哥那时虽然还年轻，但从从艺年龄来看已经是一个"老"演员了，在长期的艺术实践中，他已经形成自己成熟的风格。他的特点是活路比较宽，无论是"文哏"还是"贯口哏"，无论是学唱还是比较火炽的节目，他都表演得很好，而且还善于创新。他写信告诉我父亲，新近创作了相声《新灯谜》《新对联》和《思想改造》等段子，演出时很受观众欢迎。父亲看信以后非常高兴，立即给其他几个哥哥写信，希望他们都来向我大哥学习，多多创作新段子。《新灯谜》可以说是当代新相声的第一篇作品，是先于北京相声改进小组之前新相声的首创，我大哥可以说是新中国新相声的开拓者。

再说说我大哥的相声成就吧。南开大学教授、相声权威理论家薛宝琨先生曾在《中国的相声》一书中单辟"爱国艺术家常宝堃"一

章,对我大哥的相声艺术做出总结说:

"常宝堃的相声以会得宽、使得活、活瓷实著称。会得宽,就是他'说学逗唱'俱佳,据说擅演的节目就有一百多个。他不仅善于'说逗','学唱'也不逊色。虽然他的自然条件并不甚好,但是他的'学唱'很有韵味。使得活,当然是会得宽的必然结果,反映了他在艺术上已相当成熟。他的每一个节目都不是拘泥于原型、一成不变的,往往是大拆大改,把几个节目组接、合并为一个节目,以便凸显节目的精华和他个人的风格特点。活瓷实,是说他的台词准确,动作准确,语言的'口风'和节奏也极其准确。这当然是他勤学苦练的结果。"

另一位相声研究者、天津艺术研究所的陈笑暇对我大哥的相声艺术进行了专门的研究,认为他的表演艺术,可用"真、奇、密、鲜、憨、欢"六个字做概括,他分别对这六个字做了分析,说:

"'真'是支撑常宝堃表演的基石,是艺术的真实,是以生活真实为依据,是虚中之实,实中见虚……他表演得'真',主要也是表现在感情上。正是通过真实的情感与浓郁的生活气息,使节目内容产生了深远影响。说'奇',常宝堃的表演重夸张并富有想象力,常见奇峰突起,山峦叠翠,令人感到奇崛、奇巧,妙不可言。说'密',常宝堃的表演细腻传神,大小'包袱儿'之间的距离短,语气与神气间空隙小,具有相当的密度。除了紧密,还有精密、机密。说'鲜',常宝堃的表演始终给人以新鲜感。说'憨',其本身是一种从外到内、从内到外的技巧,常宝堃用当通神,既有本色的憨,又有艺术的憨。说'欢',就是由心花怒放而机趣活泼,绘声绘色,这应该说是常宝堃艺术风格的集中概括。"

总而言之,我大哥常宝堃相声是常氏相声的标杆,他的成功与我父亲密不可分，他是我父亲呕心沥血培养出的相声名家，是我父亲相声理念的实践性模板，以我大哥为标准化"教科书"，继而教育和培养出我们常氏子孙一大批相声演员。

1950 年 11 月，美帝国主义悍然发动了侵略朝鲜的战争，战火蔓延到我国的边境线鸭绿江边，我人民志愿军雄赳赳气昂昂，奔赴抗美援朝、保家卫国的战场。在人民志愿军英勇作

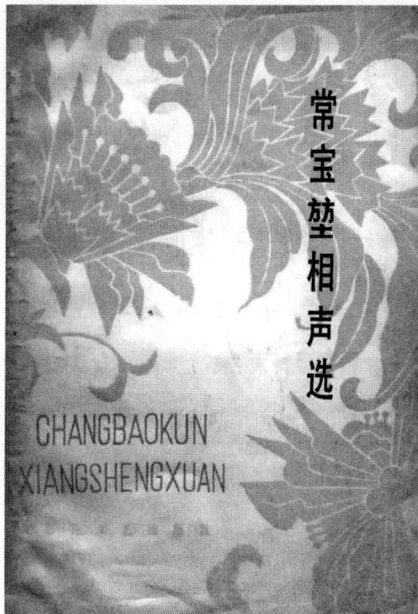

《常宝堃相声选》封面

战和全国人民斗志昂扬的感染下，我大哥迸发了强烈的爱国热情，很快创作出太平歌词《新王小过年》，并发表在 1950 年的报纸上。1951 年春节刚过，中央代表全国人民的愿望，组织一个慰问团赴朝，慰问"最可爱的人"——志愿军战士。慰问团由廖承志任团长，工、农、兵、学、商等各界人士组成，同时还有首都文艺团体和著名演员随同前往朝鲜。

当时并没有给天津名额，但是我大哥向上级领导提出申请。他在申请书中勇敢地表态："抗美援朝是毛主席提出来的，我们人人都有责任参加。我虽然不是拿枪的战士，但是我可以用相声去慰问我们最可爱的人，也是间接地打击美帝国主义。"在生与死、血与火的考验面前，我大哥表现出了赤诚的爱国之心和大无畏的牺牲精神。当时天津市的市长黄敬得知后非常感动，也非常重视，立即向中央请示。

157

组织上很快就批准了大哥的请求，这时他才想起来征求家人的意见。大嫂没有二话，坚决支持，我三哥也说："大哥，你去吧，我们哥儿几个负责照顾嫂子和侄儿的生活，可爸爸、妈妈那里万一不同意怎么办？"哥儿几个认为母亲一向听父亲的，关键是父亲的态度。有的认为父亲吃了半辈子苦，好容易子孙满堂、安居乐业，怎么舍得大哥去那么远的地方？而且枪林弹雨的，他能放心吗？有的说父亲在新中国成立后觉悟提高得很快，又经常看报，好好做他的工作，绝不会拖儿子的后腿的。大哥说："我明天去一趟北京。想看看咱爸的态度。咱爸要是想通了更好，即便一时想不通，反正我是走定了。回头你们再做老人家的工作吧。"

大哥风尘仆仆赶到北京，父亲正在屋里看报，一见他劈头就问："宝堃，这次赴朝慰问团，你没报名吧？"大哥一下被问愣了，他猜不出父亲是支持他去还是反对他去，亏他机灵，反问父亲道："您怎么知道我没报名呢？"

父亲戳戳手中的报纸说："这些天到处都在议论这件事呢，是中央给咱们文艺界的光荣任务啊，北京的侯宝林啊、关学曾啊都报名了，可没听见你们天津的动静啊。"我大哥一听感到有门儿，就把怎么跟领导提出申请的、领导怎么批准的过程一五一十地讲了一遍，父亲听罢，高兴地说："好，我早就琢磨着你应该去。"

这时母亲从里屋一步走出来说："我听说朝鲜那地方打仗可厉害了，枪子儿炮弹可不长眼睛啊！"父亲说："你妈说的是实情，可我们也不能因为危险就打退堂鼓啊！那些志愿军战士流血牺牲，保家卫国，我们更应该去慰问他们。还是那句话，你应该去。"见母亲低头不语，父亲又安慰她："淑卿，你不必担心，宝堃他们是代表祖国的亲人去朝鲜慰问的，到了那里，人家肯定会照顾他们的。"就这样,父亲把他最心爱的大儿子送往朝鲜战场。

1951年3月12日,"第一届中国人民赴朝慰问团曲艺服务大队"启程赴朝,中央特批天津单独成立一个中队,大哥既是服务大队的副大队长,又是天津中队的队长。

以下是两则机构成员的材料:

大队部:

连阔如(大队长、评书演员)、侯宝林(副大队长、相声演员)、常宝堃(副大队长、相声演员)、曹宝禄(副大队长、单弦演员)、张富忱(政委)、刘大为(副政委)、李甦(秘书)、沈彭年(秘书)、李泰峰、鲁扬、张景华、刘轩、刘同发、刘公毅。

第一、第二、第三中队略。

第四中队:

常宝堃(相声演员、中队长)、赵佩茹(相声演员)、富少舫(滑稽大鼓演员)、程树棠(弦师)、陈亚男、陈亚华、陈海荪、郭少泉、谢启

常宝堃、赵佩茹在朝慰问演出

福(魔术演员)。

朝鲜战场上炮火隆隆,我大哥不顾个人安危,不避艰险,不顾劳累,为战士们演相声、唱太平歌词,只要战士喜欢,他就演,喜欢听几段,他就演几段,赴朝途中他和赵佩茹切磋琢磨的新相声《思想改造》,演出后获得广大战士的喜爱。

在朝鲜前线,他们的演出深受战士们的欢迎。一次,在山上演出,天将傍晚,防空战士敲响了挂在树上的半块炮弹皮,这是防空警报,慰问团只得停止演出,集体躲进防空洞。一会儿,大哥发现战士们没进来,他就出来问,战士说:"敌机多数都是吓唬人的,飞几圈就走了。"大哥说:"既然你们不怕,我们也不怕。"于是,大家走出防空洞继续演出。演出中,大哥现挂说:"我们得感谢老美啊,他们知道天黑了,临时给我们拉几颗照明弹!"

自从大哥随同中央慰问团去往朝鲜以后,我父亲天天都坚持看报纸、听广播,密切关注抗美援朝的新闻报道,我们全家老小的心和朝鲜战场的战事连在一起。1951年4月,报纸登出消息说,中央慰问团已经胜利完成任务,即将凯旋回国。得知大儿子快要回来了,父亲高兴得不得了,立即给在天津的三哥和四哥写信,打听天津中队大概什么时候动身,什么时候能够归来,等等。

三、痛失爱子

1951年4月23日下午,我四哥常宝华在红旗戏院正演出呢,一段《数来宝》刚完,突然有人来后台找他,原来是天津文化局副秘书长何迟同志,然后两人坐车来到"中苏友协",文化局的局长、副局长都在那里,从他们口中得到我大哥不幸牺牲的消息。原来就在慰问团胜利返回祖国的途中, 即1951年4月23日清晨5点半左右,在新义州沙里院,遭遇美机狂轰滥炸和疯狂扫射,子弹如雨穿透了屋顶,我大哥不幸头部中弹牺牲,赵佩茹胳膊上中了三颗子弹而负伤。在掩体里的著名弦师、白发鼓王白云鹏的弟子程树棠也不幸牺牲。

大哥牺牲那天,距他 5 月 5 日的生日还有 12 天,马上就满 30岁了。他还在酝酿新的相声作品《建设新天津》和《英雄颂》等,我大哥的牺牲是当时中国相声界的一个巨大损失。

四哥找到我二哥、三哥,把这个不幸的消息告诉他们,哥儿几个根本没有思想准备,被这突如其来的噩耗惊呆了。手足之情痛彻心扉,怎么也不能相信,多少年来朝夕相处的大哥,就这样与我们永别了!哀恸之际,想起家里的亲人们,父亲、母亲、嫂子、侄儿……特别是父亲,这些天来一直在家里望眼欲穿,一旦得知爱子的不幸消息,不和天塌下来一样吗?让他怎么接受得了!

可是北京是非去不可的,于是由我四哥陪同上级派来的同志一起去北京,见我的父亲。据我四哥后来和我们说,一路上两人共同商量怎么和父亲开这个口,想不出什么好的对策,只能硬着头皮见机行事了。文化局那位同志掏出烟卷用打火机点着了,一边猛劲吸,一边顺手把打火机扔出去了。因为光顾思考问题,把打火机当成火柴棍儿了。

进了家门,见到父亲,虽然满心悲痛,可脸上还要强作笑容。问问我父亲身体可好?北京天气如何?扯了些闲篇,父亲问:"你们干什么来啦?"他二人忙说:"没什么事,就是路过来瞧瞧您。"随后话题自然转到慰问团上来,父亲关切地问:"慰问团回来了没有?宝堃回来了没有?"其实那时慰问团已经回来几天了,我四哥也不能照直说,两人按照既定方案,开始弯弯绕,先说慰问团的工作概况,志

161

愿军见到祖国的亲人所受到的很大鼓舞。再说志愿军如何奋勇作战,战场上如何艰苦,说到慰问团虽然不去作战,但是在前沿战地慰问,难免会挂彩负伤。说到这里,两人的神情不大自然,吞吞吐吐的,嘴皮子也不利索了。父亲察觉到了两人神情的变化,他一下子从椅子上站起来,镇定地说,:"你们俩也别兜圈子了,干脆告诉我,宝堃是受伤了还是牺牲了吧!"

这句话说完,四哥和那位同志顶不住了,鼻子一酸,眼泪"唰"地流了下来。事先准备好的话一句也说不出来。

我父亲转过身,脸朝窗户站着,好半天不开口。屋里的三个人都沉默着,空气仿佛凝结了似的。四哥和那位同志这时已经热泪滚滚,唯独我父亲,他站在那里一动也不动。痛失爱子,父亲心中比谁都难过,但他却极力克制,半晌,他才慢慢地转回身来,一字一顿地说道:"好孩子!"

话语不多,那可真是字字千钧,四哥喊了一声"爸爸"便泣不成声。父亲给他两人倒了两杯水,说:"宝堃是怎么牺牲的,你们就痛痛快快地告诉我吧。"文化局同志见我父亲如此通达、刚强,不再隐瞒,哽咽地把我大哥牺牲的过程叙述了一遍,此时,父亲也禁不住老泪纵横。

接着,我父亲追忆起了自己和大哥小时候学艺的艰辛和全部艺术学涯。说起父亲9岁卖身学戏差点死在东北,后来进富连成科班又因为嗓子倒仓学变戏法在口外卖艺;说起大哥从四五岁上地,变小戏法、撅膀子,穷人的孩子早当家;说起大哥9岁拜师张寿臣,刻苦学艺,成为相声名档;说起大哥组织兄弟剧团演文明戏;说起新中国成立后大哥最早进行相声革新,创演《新灯谜》……文化局的同志边听边点头,感叹不已。我父亲说:"这人嘛,就是活一百岁,最后也难免一死。宝堃儿为国捐躯,也不枉活一世啦!"

父亲回到天津,有关领导和各方面的人士纷纷来家看望,组织上又派人找我父亲,询问他有什么困难和要求,对我大哥的后事如何料理征求我父亲的意见。父亲对领导的关心和慰问表示非常感谢,对于我大哥的后事,父亲的态度非常明朗,说道:"追认一个艺人为烈士已经很不简单了,作为家属,我们没有任何要求,特别希望不给国家增添任何困难和麻烦。"父亲的话句句是肺腑之言。我大哥牺牲在朝鲜战场上,这不过是每个中华儿女为了保家卫国所应做的贡献。但是党和人民给了他极大的荣誉。政府决定授予我大哥"人民艺术家"称号,追认大哥及与他一同牺牲的弦师程树棠同志为革命烈士,我们两家成了革命烈属。

天津市各界组成治丧委员会,1951 年 5 月 15 日至 17 日,举行了三天的公祭活动。大哥的徒弟苏文茂后来回忆说:"那时候天津市区 240 万人,差不多来了 1/3,每天都拥挤不堪,只好按单位、按系统分时间来,一来就是一队人。师父的大照片在中间,我们都身穿重孝在两边守灵,司仪在那喊着行礼——献奠。我印象最深的是两个场景,一个是有位 80 岁的老太太,因为都是按单位进来祭奠,门口不让她进来,她举着拐杖打了进来,说:'我是来看小蘑菇的,他是我心里最爱的演员,给我们带来好多笑声,他牺牲了,我一定要来,你们拦着我,你们死了我绝对不来。'老太太一说话,我们都哭得跟泪人似的。还有一件事,赴朝慰问团活着的那些人都来了,侯宝林和陈亚南、陈亚华还有高凤山,进来就哭,高凤山行完礼走不了了,犯心脏病躺下了。"

公祭灵堂设在马场道第一公墓殡仪馆,一大早,灵堂外面,人山人海。灵堂里,挂满了各机关团体的挽联,四周一层层摆满了花

163

圈,正中悬挂着二位烈士的巨幅遗像,白棚素蜡,一片庄严肃穆的气氛。在隆重的公祭大会上,市长黄敬、副市长周书弢以及黄火青等领导同志都有题词,胡乔木、周扬发来了唁电。李少春、裘盛戎、袁世海、白凤鸣、新凤霞、言慧珠、李万春等艺术家,也赶到现场祭悼。天津市领导、各界代表及曲艺界同仁陈士和、骆玉笙、马三立等,含泪参加了公祭。我大哥的师父张寿臣亲赴灵堂,他泪流满面,当众诵念了他为爱徒常宝堃亲写的祭文《长城常程》。

在云板声中,张寿臣先生念道:

大哉长城!

壮哉常、程!

噩耗传来,

雷震心惊!

令人伤痛,令人心疼!

宝堃之死,使我痛不欲生。

想他幼年,如在目中,

那年尔拜师,年方九龄,

处处可爱不可多得的灵童。

…………

朝鲜慰问,为国牺牲,

永垂不朽,万古英风!

…………

我要向你学习,

师生反作师生。

164

听着悲壮的祭文,在场的人无不哀声痛哭。

出殡在 5 月 18 日举行,天津文艺界举行了声势浩大的悼念誓师大游行。津门成千上万人上街为烈士送行。廖承志、陈沂、田汉、黄敬、周叔弢、许建国等领导同志,参加了送殡仪式。

仪仗队由天津文艺工会组成,共有 3 个总队,几乎包括了天津所有文艺工作者。四面铜锣开道,金瓜、钺斧、朝天蹬、手挝各两对,后面是 200 枝雪柳,一队吹鼓手,一队铜管乐队,在后面是两抬 32 人的杠,抬着大红缎作罩的棺材。这两抬杠上各自拴了两根长达四五丈长的绸拂,由天津市市长黄敬、中国剧协主席田汉等人亲自执拂拉灵。我们常家和程家的家属及徒弟穿着重孝,紧跟在拉灵的市长后面。

队伍行进过程中,天津的父老乡亲纷纷自动加入为大哥出殡的行列,一时竟万人空巷。从海口路出来沿着马场道到佟楼,再从成都道到和平路,再到南市官银号,沿途的店铺全部打烊,门前摆着点心桌子,马路两边放着免费的绿豆汤。送葬的队伍绵延数十里,银车黑幛和佩戴黑纱的人群穿过了几个街区。至于沿途致哀、掩面而泣者更是不计其数。这种声势浩大的为曲艺演员出殡的场面,实为历史上罕见。

过后,父亲把我家哥儿几个叫到身边,深有感慨地说:"一个艺人,身后之事办得如此风光,开天辟地也未有过啊!旧社会不拿咱艺人当人看,有多少名演员,晚年人老珠黄,难得温饱,有的就倒在台上起不来了。如今我虽然死了一个儿子,多少人给我送来温暖,半个天津城都来给他下葬,连市长都亲自给他拉灵,这是多么大的光荣!我从心眼里感谢共产党,感谢新社会。你们一定要向你大哥学习,今后再有慰问活动,你们一定要积极报名,我绝不扯你们的后腿。如果不嫌我年老不中用,我还真想到朝鲜战场看看亲人们哪!"

虽然父亲没有去朝鲜慰问,但是他在 1953 年参加了天津曲艺团组织的慰问团,到了邢台地区沿线慰问归国的志愿军官兵。有一次演出完毕,部队首长听说烈士常宝堃的父亲和师父都来了,热情拉住我父亲和张寿臣一起合影,这张照片后面站着的是两位在朝鲜立过战功的英雄杨顺德和姚文宗。

1953 年常连安(前右)、张寿臣(前左)在河北邯郸与志愿军战斗英雄合影

父亲认为大哥的牺牲是美帝国主义欠下我们常家、欠下中国人民的一笔血债,所以我们常家儿女要长志气,立志向,为大哥报仇,为人民服务。在父亲的鼓励和支持下,三哥和四哥还有大哥的徒弟苏文茂,先后几次随同慰问团去朝鲜演出。在大哥这个榜样的激励下,我家先后有 32 人参军,成为革命军人。我们哥儿几个参军时,父亲都要亲自送行,再三叮嘱,要像你们大哥那样,全心全意地为人民服务。海、陆、空三军都留下常家儿女保家卫国、为指战员服务的誓言,云南、广西、新疆、珍宝岛、黄海、东海、南海、中印边境、中越边境等边疆哨卡都留下了我们常家儿女慰问亲人边防军的身影。

其实,我家最早参军的是我四姐常宝环,她在 1949 年之前上了革命大学,那是一所军校,后来她参加了空军。还有我五姐常宝珊,她从小喜欢唱歌,在 1950 年报考中央军委公安军歌舞团(后改名文工团,再后公安军撤销,全团调入济南军区前卫歌舞团)。有一天她回到家里,父亲说有你一封信,打开一看是录取通知书,五姐高兴得直蹦高,就听"哗啦——啪嚓"一声,我父亲变戏法用的一个漂亮精美的大海碗摔碎了。可是父亲并没有生气,而是让我五姐坐下来,对她说:"当兵不是玩儿的,就算是文工团,还是很艰苦的,你行吗?"五姐说:"我行,我不怕。"后来听五姐说,她住的是大庙,长年累月吃白菜帮子啃窝头,也没叫一声苦,就是因为爸爸跟她打过预防针了。

后来我父亲给五姐送过东西,腊八节时端腊八粥送到部队,我五姐挺高兴。冬天过年时家里冻干粮,我五姐特别爱吃冻干馒头,我父亲给她送了两个,她也吃了。后来买几块点心,又送去,这回我五姐没要,她对父亲说:"爸,我不要点心,您拿回去吧,我要总吃这个,别人该说我是资产阶级了。"后来她回家的时候,我三姐、四姐、表姐都数落她:"你这孩子真不懂事,爸爸这么大老远给你送几块点心,你还不要,爸爸回来直掉眼泪。"我五姐当时一听就哈哈大笑,笑得前仰后合,说:"我爸至于吗?还掉什么眼泪呀!"当时的她一点儿也不理解。后来她一和我们说起这事就痛哭流泪,后悔当年自己的不懂事伤了父亲的心,她拒绝的哪里是几块"点心",是父母对儿女的"爱心"呀!

话说侄儿常贵田出生时,我师父马三立与曲艺界朋友去贺喜,戏说一家人都叫"蘑菇",这孩子就应该叫"蘑菇丁"。大哥牺牲那年他才9岁,当时都吓傻了,不知道哭,以为他爸爸还活着。后来拜赵佩茹先生为师,正式开始学习说相声。有一次,他犯错了,赵佩茹就对他说:"你爸爸当年多红啊,整个天津卫无人不知,无人不晓,可他每个星期还都得去鸟市、三不管听别人的'活儿',充实自己。他一辈子就信奉一句格言:'你听观众的,观众才听你的。'"这句话,让他懂得了父亲的艺术与观众息息相关,是百姓所需要的。贵田后来写文章说了这件事,并拿给我们看,我们一致认为:大哥的相声艺术是深入生活为人民服务的,他是当之无愧的人民艺术家。

材料一则:《中央同意常宝坤等按烈士待遇的电报》

华北局转天津市委:

　　常宝坤、程树棠在前线牺牲,应按前线阵亡烈士待遇。所提各项善后办法,均同意。至追认常为共产党员事,如常在生前已有入党要求,是可以追认的,军队中亦有此办法。如常在生前无此要求,则不必如此做。但可由中共天津市委送给他挽词。曲艺节如天津艺人大家同意,可定为天津地方曲艺节。全国曲艺节暂时尚不能决定。

中央

一九五一年五月十二日(根据刘少奇手稿刊印)

1981年纪念常宝堃、程树棠烈士牺牲三十周年大会会场

这里说明一下，早年因为我大哥以艺名"小蘑菇"闻名于世，真名反不为人知，当时的文件和报纸都误把我大哥的名字写成"常宝坤"，而这个"坤"属于误用，正字应是"堃"。

四、单口相声的改编

大哥牺牲后，为完成大哥的遗愿，成立了天津曲艺工作团，我父亲任团长。因此举家搬到天津，住在哈尔滨道中国大戏院的楼上，楼下是天津曲艺团的旧址。

说起我父亲说单口相声，有人说是因为我大哥的牺牲使他不愿意涉足对口相声，并非完全如此。其实我父亲早在北京启明茶社时期就开始整理和说单口相声，比如《山中奇兽》等。20 世纪 50 年代以来，他还把一些对口相声改成单口相声来说，居然取得了很大的成功，如《黄半仙》《当行论》《山东斗法》《武松打虎》《空城计》《杂谈京剧》《新旧婚姻》《哭笑论》等以及短段《小孩念书》《骗剃头挑》《等门》等，新中国成立后他还根据义和团民间故事新编了《大师兄闹衙门》、小段《送人上火车》等。50 年代末，他演出了新相声的精品《追车》，并成为他常演不衰的保留节目。

说起我父亲所演的单口相声，有一个人不能不提，他就是新相声《追车》的作者，来自山东的部队文艺作家李凤琪。其人1930 年生于青州，满族，研究馆

常连安说单口相声

169

员，著有《青州旗城》和单口相声集《笑林新声》。他在 50 年代创作出《追车》，上了电台，名噪一时，于是他部队的团领导让他把节目搬上台，但他不敢演，据他自己说只是缘于文学爱好创作了这个相声，可对表演几乎一窍不通。李凤琪是个有心人，为了解决表演的难题，他通过观摩、比较，发现刘宝瑞和高桂清重"说"，而我父亲重"演"：注重刻画人物，动作夸张逼真，剧场效果火爆，久演不衰，他认为我父亲的表演风格比较适应部队的观众。因此向上级提出要到天津找我父亲学习单口相声。

1961 年春，文化局安排李凤琪到天津向我父亲求教，虽然并未拜师，但我父亲依然把他当作入门弟子，热情地把多年的表演经验传授给他。当时有个流行的说法，认为说单口相声的都是资格老、年岁高、功力深的，年轻人压不住台。我父亲见他信心不足，为了打消他的顾虑，说："我不同意按年龄、资格作为能不能演单口相声的标准。张寿臣当年 19 岁说单口不酥粘（观众不走），郭全保、张永熙年龄不算大，单口都说得很好。再说连小孩子说笑话大人都爱听，青年人为什么不能说呢？问题在于要懂得这门艺术，在表演上下功夫。"我父亲认为，传统单口相声有很多好东西，只靠老人演单口就要失传，对观众来说也是个损失。我父亲让李凤琪先看他的演出，并告诉他，不要光看《追车》，传统单口也要认真看，仔细琢磨，多提问题。而后让他自己"装活"，我父亲亲自给他指导排练。李凤琪在天津历时四十多天，晚上除了我父亲有外事活动（去给外宾演古彩戏法），每天他都去剧场看演出，白天他就到我家听我父亲讲表演和排节目。

当时，刘宝瑞、高桂清和我父亲都在演《追车》，父亲问李凤琪看了有什么不同。李凤琪说："刘老我是从电台播音中听的，细节有所改动,添了包袱儿;高老基本是过去的演法,没离开桌子。他风度优雅,语言清晰幽默,观众反映也不错;您和他们不同,动作夸张,舞台调度大,人物演得活。"我父亲说:"这就是艺术风格不同。过去说单口的人不少,各有特点,各有所长,风格都不尽相同,这三言两语说不清楚,全靠你自己去观察、分析、揣摩。不过,学习他人之长,要考虑自己的条件,两者结合,以我为主。通过舞台实践,日久天长,你的表演也能形成自己的风格。侯宝林的对口相声《空城计》,动作帅,唱腔美,别人没有敢演的。我的嗓子年轻时就'倒仓'了,怎么还敢用单口来说呢?因为我有京剧科班的功底,有自己的艺术追求,只要扬长避短,就能独树一帜。"的确,我父亲把《空城计》由对口改为单口,减掉捧哏和桌子,不但没有空荡和失落的感觉,反而扩大了舞台空间,尽情发挥其所长。真是如鱼得水,游刃有余,一人表演,满台生辉!

李凤琪曾经问我父亲一个问题:马三立先生的节目看过多次,也很喜欢,但他的手势语言都很随意,舞台动作也不讲究,表演究竟好在哪里呢?

我父亲的回答是,这是我们两个人的艺术风格的不同,马三立的"马大学问""马大财主""马善人",是根据他自身形象的特点,用自嘲的方式,塑造了一个幽默、轻松、亲切、可爱的艺术形象,无须讲究一招一式,而我是以演员的身份给观众讲故事,必须运用多种艺术手段,去叙述情节和塑造人物。我既是演员,又是角色,不论哪一个,我都必须让观众认可、喜欢。

我父亲单口相声表演的突出特点,是塑造个性鲜明的艺术形象。比如《追车》,他把作品的主人公说成"我二哥",首先让观众感到真实可信。他的身体较胖,他说:"我二哥一个顶我俩,体重毛二百来

171

斤,走两步就喘,非骑车不行!"这就为后来的追车做了铺垫。新中国成立前,因警察和小偷狼狈为奸,他两次追车被阻。一个警察是"直眉瞪眼",丢了车还要罚他款;一个警察是"喜眉笑眼"要帮他找车:

"哈,先生,看您跑得满头大汗,有什么急事呀?"

"警官,小偷把我的车偷去了!"

"啊,光天化日有人敢偷车!是什么车呀?"

"自行车。"

"两个轮的吗?"

"对。仨轱辘那叫三轮车!"

"有车胎没有啊?"

"没车胎我能骑吗!"

"在哪里买的?"

"跟朋友借的。"

"男朋友还是女朋友?"

"男朋友。"

"多大岁数?"

"三十多岁。"

"结婚了没有?"

"这……你查户口来啦!"

等他问完,偷车的早没影了! 这里,二哥两次追不上小偷而被愚弄,不但两个旧警察的个性非常鲜明,对二哥的胖也是一种渲染、铺垫。新中国成立后,他洋洋得意地骑上新车,当受到路人的喝彩时他高兴得想在车上拿个大顶。说到这儿我父亲做了个拿大顶的姿势,虽只是画龙点睛,却让观众联想到大胖子在车上拿大顶是多么可乐。第三次丢车他坐上三轮车想追，"抱着西瓜一上车，啪——车胎放炮了！……"像这样精彩的包袱儿原作里并没有，是我父亲为使人物形象更突出、丰满而加上去的。在最后的追车中，被追和追车的前后四个人，我父亲抓住每个人物不同的心理活动和形象特征，运用精练而典型的动作，夸张而真实的表情，使包袱儿接连不断，把观众情绪推向了高潮。

另外，对《山东斗法》中的孙德龙，《黄半仙》中的黄蛤蟆，《大师兄闹衙门》中的大师兄等，我父亲调动了他所掌握的多种艺术手段，描摹各色人物。通过形体、眼神、动作、语言、一招一式、一颦一笑，把人物演得活灵活现，让观众笑得前仰后合。由此可见，根据人物的性格和行为去挖掘包袱儿，又通过包袱儿来塑造人物性格，两者是互相依存、互相促进的辩证关系，这也是单口相声特有的创作规律和表演技巧，它既提高了作品的文学含量，也加强了演出的艺术效果。

我父亲演出的节目中也有不以人物为主的，比如《哭笑论》等娱乐性、知识性的段子。他说的《山中奇兽》，也是按人的心理和行为去塑造兽的形象。他说，动物演得越像人就越可乐，你要纯粹说动物，观众听着就没意思了。

单口相声和对口相声的表演究竟有什么不同？我父亲说，观众听对口相声是看逗哏和捧哏逗趣儿，两人逗不起来看着就没劲；观众听单口，是想听个有趣儿的故事和笑话，故事讲不好包袱儿就出不来，因为单口的包袱儿和对口不一样。怎么不一样法儿？拿《偷斧子》来说吧，故事说的是山上小庙里的和尚偷斧子砸了自己锅的笑话。叙述从和尚在院里支锅做饭丢了劈柴的斧子开始，而后描述了众多场景：农家办丧事的民俗风情、和尚念经和放焰火的热闹场面、小和尚偷了斧子送上山忘了带钥匙的焦急表现、隔墙扔斧子的动作和"啪嚓"一响的声音、借月光从门缝里看见砸了铁锅的窘态、最后俩和尚念经一问一答的尴尬……我父亲在叙述过程中，不仅把故事的来龙去脉说得清清楚楚，更重要的是他绘声绘色地渲染环境、描摹人物，使观众如临其境，如闻其声，如见其人。

我父亲说的《黄半仙》，误会与巧合是故事中的喜剧因素。这是传统单口作品常用的手法，但演出成败的关健却在于演员的叙述故事和模拟人物的能力。即必须做到：口齿清楚，咬字真切，把故事的奇巧之处说得入情入理，津津有味，脉络清晰，人物性格合情合理。只有如此，才能达到"既在意料之外，又在情理之中"的效果。

我父亲经常说："故事讲不好，包袱儿就出不来。"这是因为对口相声是甲乙之间互相配合，按段落系包袱儿、抖包袱儿；而单口相声的包袱儿是自己铺、自己垫、自己抖。演员讲述故事的过程，就是包袱儿的铺—垫—支—抖的过程。而有些包袱儿的铺垫（如《偷斧子》中的斧子和锅）则是贯穿于整个故事情节之中的，故事讲不清，人物演不活，就不可能出包袱儿。所以，表演单口相声首先要在讲好故事、塑造人物上下功夫，而不是首先着眼于包袱儿。

我父亲根据民间故事改编的《大师兄闹衙门》，开始只抓到"攒底"的一个大包袱儿，有些包袱儿是后来在讲故事中自然产生的。他说，一个段子只要故事好，有仨响包袱儿就行。另一段单口相声《庸医》可谓别具一格，他在垫话中介绍了历代名医，很长一段没使包袱儿。其中说到清代名医叶天世看疑难病，以奇异诙谐的细节和感情真挚的表述，紧紧扣住观众的心弦，因而产生出喜剧效应。可见，单口相声并不是全靠包袱儿去抓观众，好的情节和人物、真实感人的表演，也会有同样的艺术效果。

我父亲说，相声必须有包袱儿，但不能滥用包袱儿，或硬"胳肢"观众。处处都抓包袱儿，反而把段子演松散了。抓不好倒不如含蓄一些，让观众自己去琢磨。常言说得好，"业精于勤"，遇到懒惰、水平不高的演员，先着眼包袱儿。包袱儿少了不演，包袱儿含蓄了他又抖不响。不分析作品主题和人物，乱加些"外插花"的笑料，以此来取悦观众；然而勤奋、有才华、高水平的演员，拿到作品文本首先分析故事和人物，围绕作品的主题立意，从表演上充分发挥自己的创造性，使作品精益求精，锦上添花。《追车》《山东斗法》都是这方面的典范。

就语言而论，我父亲的简洁或刘宝瑞的细腻，都是以观众的欣赏习惯和思维方式为依据的。舞台艺术作品的完成（甚至于一个干脆利落的响包袱儿），是作品、表演、观众融

常连安相声专辑 CD 封面

为一体，共同创作的结晶。这次李凤琪在天津找我父亲拜师学艺，对他后来的创作和表演都有很大的提高，李凤琪说："通过常老的讲授和排练，我从包袱儿的运用、语言的繁简、人物的描述、舞台的调度，直到全段节奏的迟疾顿挫，我都有所领悟。在天津期间，我学会了《追车》《黄半仙》《偷斧子》的表演；另外，又按常老的风格自己装了一段《借火儿》。回部队后，从前沿小岛演到城市的大舞台，观众反映都很热烈。"我父亲就是这样，对于上门求教的晚辈，他言传身教，诲人不倦，毫无保留地把艺术上的三昧真火教给了学生，他

那和蔼可亲的面容,精湛的表演艺术,高尚的思想品德,永远留在人们的记忆之中。

五、父亲教我们学相声

电台里正播一段相声,不用报演员名字,人们一听就听出来了,这是常家的谁谁谁。为什么我们常氏相声的特点比较一致呢?因为都是一个老师教出来的,这个老师既严格又负责任,既要求苛刻又有足够的耐心,那就是我父亲。

有人说,乃父是说相声的,教你们还不容易吗?就像唱京剧的一般不教自己的子女、跳舞蹈教不了自己的女儿一样,说相声的比起上面两样稍微好些,但是仍需要父亲有超乎常人的毅力和一定奏效的方法,殊非易事。从这个意义上说,我父亲是个了不起的相声教育家,他亲力亲为地教出了我大哥、二哥、三哥、四哥,现在轮到我五哥和我了。

这会儿比我哥哥们小时候的条件要好多了,首先是我们能上学了,我和七姐常宝瑛、五哥常宝庆、侄子常贵田都在一所学校读书,这所学校当时叫圣功小学,是一个教会学校,后来改名叫劝业场小学,在哈尔滨道和河南路的交口。父亲亲自带我们去入学考试,叮嘱我们要用功学习,对我们说:"我小时候交不起学费上不起学,几个哥哥为了养家也都没有念书,你们几个人一定要好好念书,书里什么知识都有,是用之不尽取之不绝的。"我们念书很专心,我姐姐比我们高一个年级,她原来在舅舅家住,父亲来津以后才回来,她跟我们讲:"咱们要学出样来,不能给从北京来的人丢脸。"

我们刚到天津的时候,有段时间住在中国大戏院楼上,一楼就是曲艺团。我小时候淘气、贪玩,下学后也不上楼,就在楼下和曲艺团的演员们玩耍，父亲看见了很生气，说下学以后必须先做作业，不要和团里演员打斗。做作业时要求我们不许说话，他们（父母亲）说话和动作、声音也很小，这个时间也不让演员来做客。父母特别重视我们的学习，要求也很严，作业让我们互相检查，都完成后才能去玩儿。在父母严格要求下，我们学习成绩一直很优秀，我七姐功课好，是班长兼大队委。后来她考上了天津医学院，成为一名出色的主任医师。

大约1956年，我上二年级的时候，我家搬到天津市和平区蒙古路92号，父亲正式给我们说活，背贯口、报菜名、绕口令，每天最少要有一个小时，我逗，五哥捧，我父亲逐字逐句地教，动作和眼神要到位。我父亲的严厉，主要是在艺术方面。我们小时候淘气，门上挂的竹帘子，抽一根走，粘蜻蜓去了，或者闹着吃东西，这些都没事。唯独学相声，如果记不住词、说错了词，或者表演不对，就会挨打。可话说回来，学艺必须要有一"怕"，不"怕"不学嘛，所以我小时候看见父亲就像老鼠看见猫一样，现在想想那是对的，没有一怕，学不了相声。

他教我们说的第一段相声是《打灯谜》，再后来是《蛤蟆鼓》《报菜名》和《绕口令》，他和别人不一样，像《反七口》《六口人》，我父亲从不教这些，他一贯反对伦理哏，而且不主张教春典，不培养"小老艺人"，总之他的观点比较"新"。我和小哥哥常宝庆一起学。父亲要求很严格，嘴里要清楚，比如第一句往往说："我给大家说段相声。"小孩子有时说话快，就滑过去了，父亲绝不允许我们嘴里含混不清："你嘴里怎么回事？使劲，再使劲。"接着告诉我们一句前人总结的艺谚："一字不到，如钝刀杀人。"常氏相声的特点就是吐字非常清楚，当时不像现在这样每个演员有扩音器。

我父亲告诉我们什么是相声。"相是表演，声是语言，说很容易，真正说好了很难。"

刚一开始说《报菜名》《绕口令》这些段子的时候，我们是小孩子嘛，表演上难免有过头的东西，按现在来说，就是小孩出坏相，我父亲坚决不许我们这样使，他说："相声可以有俗，但是是民俗的东西，不是低俗的东西。"对相声，我父亲看得比较高。他给我们讲："（相声）不是一个俗，不是一个粗，不是一个拙，必须要精、必须要细、必须要巧，用你的基功、才能，要完美地表现出来。"现在很多人使活很拙，没有俏皮劲儿，很卖力气，父亲讲："相声是语言艺术，不是力气活儿。"力气活让观众累，听着不舒服。现在有的人专说下三路相声，没有幽默感，还有傻卖力气的，我看不惯，我学的时候不是这样。

我们学《报菜名》的时候，我父亲给我们分析逗哏的这个人物"甲"，他恨不得从中得到点儿小便宜，"我的帽子呢？我没戴帽子。""我坐车没零钱。""我这有，给你。"而量活的人是个比较直爽、实在的人，所以表演出来两个人物要有一定的反差。这里人物运用住了，才能分析，举一反三。任何段子里都有人物，虽然我父亲那时候不知道布莱希特、斯坦尼体系等，也不懂什么叫潜台词、内心独白这些专有名词，但是他给我们分析第一人称，怎么去表演，他通过实践，总结出来应该如何去表演，主题思想是什么？人物表演到什么分寸？为什么要这么背？分析人物、节奏、表演，可以说他那时候就运用导演学的分析法了，教育我们不说糊涂相声，真的很了不起。

我父亲对相声里的词语非常认真，抠字眼，而不是随便念过去了。比如《八扇屏》里说赵云是"白盔白旗靠"，但也有人念"白旗号"，旗号就是军队的大旗，哪个念法是对的呢？我父亲说，赵云都杀得单枪匹马了，不可能有旗号了。应该是念靠，是赵云的战服。

常氏相声的特点是重视表演,怎么表演?父亲告诉我们,首先说相声时手不能乱动,脚不能乱动,手乱动像乱抓东西,脚乱动像采藕一样,采藕时用脚踩才能采出来。脚不停地运动知道藕在这里,手才能下去。你在舞台上有任何一个琐碎的动作,就显得不大气,好的相声表演要大气、大方、好看。

怎么才能大气、好看呢?必须学习京剧里的一些东西,表演出来才美。父亲教给我们一些京剧舞台表演基本功,像起霸、云手、拉山膀、走圆场,像怎么抬腿、怎么抬手,我们都学了。

我们学活时,我七姐常宝瑛常在一边观看,她后来回忆说:"我父亲对他们的教学非常认真、严格,站着的姿势就要有站姿,一站就像在台上,不能松松垮垮,不能弯腰驼背,要挺胸、站直、面对观众,表情要自然、活泼、到位。眼睛要有眼神,眼睛瞪开,口齿要伶俐,一个字一个字的字音都要送到观众的耳朵里。

"每一个手势,比如你的右手要伸到哪个位置、多少度、抬到多高,胳膊肘弯曲达到什么程度,手指头怎么摆放,都有一定要求的,不能随随便便,有时看他们也很累。但是如果说两遍不听,父亲手就上去了,打上了。"

青少年时期正是好玩儿的时候,可是我们哥儿几个,几乎很少有玩儿的时间。听我三哥、四哥说他们小时候根本没有玩儿过,父亲说:"你们眼下正是学艺的时

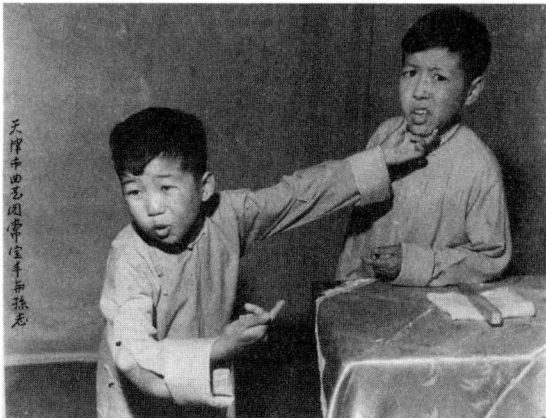

常宝丰(左)、孙志(右)表演相声

179

候,应该多学,少贪玩儿。"

学会了几个节目以后,我们就到处演出,学校、监狱、医院、工厂,没有什么报酬,只要有演出我们都很乐意去。为了找舞台的感觉,积累舞台经验也很重要。

1960年的一天,我放学回家,母亲已经做好了饭,我一看,炒肝尖、烩茄丝、家熬小黄鱼、卤煮丸子,都是我爱吃的,妈妈一边给我盛饭一边说:"多吃点,一会儿你爸带你演节目去。"我演出也不是头一回了,也没太在意,只埋头享受美味佳肴。父亲回来一看我还在那吃,就说:"你吃得差不多就行了,饱吹饿唱。"他吃了些饭,拿出个包袱,让我换衣服,一件蓝色制服短裤,白短袖衬衣扎在皮带里,戴上红领巾,穿戴好了,他偏着头看看,满意地笑了,说:"嗨,我小儿子还真精神!"咦?平时演出不是穿大褂儿吗?今天为什么穿这身?看着我不解的神情,父亲说:"孩子,我们到了地方你就知道了。"

有车接我们到了天津俱乐部,搭档孙志也来了,有个阿姨领我们到了排练室,告诉我们一个惊人的喜讯:"今天有中央领导来看你们的演出。"我们一听就问:"是毛主席吗?""有毛主席、刘主席、周总理……"我们一听见"毛主席"三个字就激动得跳起来,脸上笑开了花。

我记得那天我和孙志给毛主席演的是《天津地名》,拿天津地名连缀起来很多包袱儿,表现了天津的风土人情。说的小段子记不太清了,可能是《蛤蟆鼓》,甲乙抬杠互怼的小包袱儿一个连一个,把毛主席逗得哈哈大笑。其他几位领导也是乐得前仰后合的。演完,我们就下台跑到毛主席面前,毛泽东主席和我们说话,我一句也听不懂,有人给我翻译:"毛主席问你们学习不学习,有文化课吗?"我们回答说:"我们每天上学。"毛主席说:"希望你们好好学习。"我们说:"一定会的。"回答完主席,再到刘主席那,再跑到周总理面前。我那时小,胆子大,好奇心强,只是觉得能给领袖演出,很骄傲,很高兴。我五哥比我大些,他说跟毛主席握手的一刹那,内心充满了幸福的感觉,因为主席的手很大,肉也很厚,感觉是"神",是中国第一伟人,内心充满了对伟人的崇拜。能给共和国的领袖们演出,是我们一生的荣幸。

另外我三哥他们也为中央领导演出过。周总理对我三哥常宝霆说:"我认识你,你是烈士常宝堃的弟弟。"我五姐常宝珊在公安军歌舞团的时候,一次被罗总长(罗荣恒)叫去,把她带到周总理面前介绍说,这是常宝堃的妹妹,周总理一边跳舞一边和她亲切交谈,问她:"家里怎么样?政府照顾得好不好?"我五姐说:"政府照顾得非常好,廖承志、黄敬市长都去了,总理您放心吧。"周总理是人民的好总理,他对我们常家的关怀鼓励让我们常家儿女终生难忘。

我和孙志在 1958 年 9 月考上了天津市曲艺团少年训练队,毕

赴云南慰问边防军,前排右起:石慧儒、常宝丰、孙志

业汇报时演出的相声是《报菜名》和《英雄小八路》,我五哥常宝庆跟李润杰老师学的快板《说黄河》。当初李润杰找学员跟他学说快板,挑上了我五哥,可他当时不喜欢快板,就回家和我父亲说,我父亲耐心地做他的思想工作:"李润杰这个人很了不起,当年被抓到东北当劳工,九死一生地逃出来,一路要饭回到天津,他把在路上学会的数来宝加上故事成分,首创出快板书的形式,在全国独树一帜。再说快板也是曲艺的一种,即使以后说相声,快板也用得着,你好好跟他学吧。"这么着,我五哥学会了说李派快板书。1960年秋,我和孙志参加了中央赴云南边防慰问团,到了西双版纳、思茅,最远到打洛。我们不怕吃苦受累,努力演出,得到好评、受到表彰。

五哥常宝庆在福建空军文工团、在福州的北方曲艺团、福建邵武艺术团都讲过相声课。他说:"教课也是按照我父亲说的教,相声应该是什么样,演出的技巧是什么? 现在全国各地演出的孩子们都愿意和我聊。父亲教我们排练,是我的相声教学不可低估的宝贵财富。"我二哥的儿子、我的侄子常贵昇在北方曲艺学校也教过相声专业课。

我从小接受父亲的启蒙,到了少年训练队后历经郭荣起、张寿臣、张庆森、赵佩茹等先生的亲自传授,演出了《绕口令》《八扇屏》《卖布头》等二十余段传统相声。1964年参军到广州空军政治部文工团,创作了相声《传捷报》《三战三捷》等。1968年转业到天津纺织机械厂,与人合作创作了相声《学徒》等。1979年回到天津市曲艺团。1984年我和搭档王佩元表演的《并非讽刺裁判》获文化部全国相声评比二等奖。相声《花的礼赞》获中央电视台全国相声大赛优秀表演奖。

1985年我有幸拜相声泰斗马三立为师,业务上也比较成熟了,

第一届全国相声评比获奖节目《并非讽刺裁判》,表演者常宝丰、王佩元

我尝试走一条既尊重和传承传统相声同时又注重与时代结合的相声创新与表演的路子,比如像《坐唱数来宝》等取得了一些成功的经验,受到观众的欢迎。

我父亲言传身教的相声教育成为常氏的家风传统,影响了常氏第三代甚至第四代人,可以说是相声之家的"四世同堂",常氏第三代有大哥的儿子常贵田、二哥的儿子常贵昇、三哥的儿子常贵德,其中常贵德是国家级非遗项目天津相声的传承人(之前三哥是传承人)。第四代有我二哥的孙子常亮、四哥的孙子常远和外孙杨凯,其中常远是北方曲校诵说专业毕业,现在演小品颇有名气。

我 1973 年和钱志伟结婚,儿子常贵春从小学相声,他 7 岁时曾

和师父马三立的合影

到人民大会堂参加《中国少年报》创刊三十周年茶话会,为党中央书记处书记习仲勋、宋任穷,妇联主席康克清、老同志王光美等表演相声《比童年》,受到中央领导的接见和鼓励。我的孙子常津鉊是个好苗子,他从5岁起跟我学相声,今年7岁,已经能说《蛤蟆鼓》《卖布头》等好几段传统相声,我们准备培养他搞专业,让我父亲常连安开创的常氏相声后继有人。

六、业精于勤苦做舟

父亲教育我们对艺术要有勤学苦练的精神。他经常提到我们的大哥:"你们大哥,16岁成名,有人夸他是'天才''神童',其实不是,那是他勤奋学习、苦练业务的结果。"

我家墙上挂着一个"家法",是一条三寸多宽、近四尺长的竹板儿。这个可不是摆设、看着玩的,是真打。我家一个比较"神奇"的风俗是过年前孩子们排着队挨打,父亲给每人打一板两板的,为的是吓唬你一下,让你哭一下,过年就不哭了。

父亲常说:"铺有铺规,家有家法。"练功懈怠、台上有忘词或者对老一辈艺人有不够尊重的地方,轻则训斥一顿,重则动用"家法"。有一次,当时还是大哥徒弟的苏文茂挪用了启明茶社的"公款"去参与赌博,结果输光了,这事被我父亲及时发现,动用家法,打了一顿。据说当时我父亲问他,你是回天津让你师父打,还是在这里挨打。苏文茂自知错了,无颜见我大哥,说您老就在这里打吧。

父亲对我们的相声启蒙教育,使我们懂得一个简单的概念,那就是"苦练"两个字。有一次,我们哥儿几个都回家过年,不知是谁挑头说起自己小时候练功的苦,三哥说:"我小时候练功才苦呢,腮帮子的肉总是烂的,每天早晨都要背贯口,我和宝华一个在屋里,一个在屋外,互不干扰。爸爸要求我们'嘴里要有劲',达到'吐字清,咬字准',他在一边听着,他听不见不行,听不清也不行。那时我们还不到10岁,一背就是一两个小时,有时背着背着,这嘴就不听使唤了,台词囫囵吞枣一句句滚过去了,爸爸走过来,用扇子或者是手指照着我们腮帮子使劲戳:'这地方不使劲,你那个字是出不来的!'"

听到这里,我插嘴说:"我和五哥两人练活时,爸爸也是这样说我们的。你这地方要使劲、使劲,腮帮子使劲,说不清楚就戳你,可疼了。"

我三哥继续说:"后来我以为自己学得差不多了。有一次,我和二哥在家里排练《报菜名》,我逗,二哥捧。背过多少遍的段子了,又不是在台上,我说着说着脑子就走了神儿。人乏,天气热,我张嘴打了个哈欠,我们哥俩儿都乐了。

"没想到,父亲在旁边正盯着我们哪!他一拍桌子,说:'打住!你们这是排练吗?纯粹是起哄!要是在台上这么懈怠,那还算是什么演员!'吓得我们俩没敢言语。打那以后,排练时我们谁都不敢随便走神儿了。"

我二哥宝霖说:"你们都没我苦,我挨过打。我背《数来宝》里那句'数来宝,很容易,你要不会我教给你'。第二句必须顶着板唱,才能落在板上。我没从板起,而是眼起眼落的,爸爸说:这句

常宝霖、全长保演出剧照

185

听上去多别扭啊，重唱。我还没唱对，结果就挨打了，还被罚一个上午光唱这两句词。这事到现在我也还记得。"

四哥宝华说："你是唱错了挨打，可我什么错都没有还挨打了。我那天因为练功实在太苦了，忍不住问了爸爸一个问题：我们常家男的就得说相声，她们女的——我妹妹怎么就可以念书呢？你们平时也纳闷这个问题，可你们都没问，我替你们问了，结果挨了一个大嘴巴，我光顾疼得流眼泪了，爸爸怎么解释的都没听见。"

侄儿贵田插嘴说："我知道，爷爷说养家糊口是男人的事，男孩子要能吃苦，学手艺，在外面奔波，女孩儿家不要抛头露面，而且应该念书。这是我爸爸告诉我的。"

当时实际的情形是：父亲当时听了四哥的话，低头不语，半晌才说："你大哥宝堃，5岁就替家里挣钱，跟着我风里来雨里去。我并不是不知道你们应该上学，可咱这一大家子人，你也要上学，我也要上学，吃饭怎么办？我过去饿怕了，决不能让你们再挨饿。那就得下苦功夫，把相声练好了，练出惊人艺。"父亲说着，眼圈红了，从此没有人再提上学的事，而是一心一意跟着父亲，扎扎实实学习基本功，以大哥为榜样，"艺不惊人死不休"。

但是在今天的人们看来，我父亲在常家男孩子学相声这一点上确实是有意识地培养，把相声当成一个事业来做的。养家糊口是一方面的原因，凭我们这哥儿几个的聪明劲儿，干别的也不见得就不行，但是为什么非得是相声不可呢？父亲胸中大有玄机。俗话说，望子成龙，父亲是把相声看得很高，他认为相声并非低人一等，而是行行出状元，是成龙亦成凤的事业，后来相声的发展印证了他的话，可以说他的眼光看得很远。

另外，父亲也不赞成女孩子说相声，因为他认为旧社会过来的

186

人对女性有所歧视,而且当时相声段子里有不少不雅的语言,作为女孩子出头露面,让观众指指点点,拿你开玩笑,这些我父亲都不赞成。

听二哥、四哥说挨打的事,我又忍不住插嘴说:"我也挨过一次打。1951年我们家住中国大戏院把角楼上,二楼,一楼有个公用电话,有专人候着,谁家来电话了,下面看电话的大爷就喊一声,楼上的人下去接电话。这天他喊:'二楼,电话。'那天父亲出门了,我和五哥宝庆正好在家,听见有电话,我俩就叽里咕噜地跑下去。谁都想接这个电话,我们俩就抢起来,我刚把话筒抢过来,'咔嚓'电话机掉地上了,那时候电话还是那种老式的,上面有个爪托,可能是铜片的还是什么金属的,掉地上劲大,就磕弯了。爸爸回来,一人揍一顿不说,还动了家法。这么长、这么宽的竹板,咱爸抡圆了打了两板,顿时起了很高的红檩子,疼得我大哭,好歹有人求情,没有多打。实际上那电话的铜片一掰就直了。不知道咱爸爸为什么动那么大的气,为这点小事挨顿板子,我那时也就4岁,这么屁点儿大的孩子,你们说说,我冤不冤?"

三哥说:"小九①,你还喊冤呢?你也不想想,1951年咱爸为什么要回天津,还不是因为大哥牺牲了要完成大哥未竟的事业?那些日子咱爸是怎么挺过来的你们知道吗?组织曲艺工作团日夜操劳,还得强颜欢笑说相声,你想过他心里有多难过吗?你4岁怎么啦?咱大哥四五岁已经上地了,那么听话懂事,你们呢?倒好,为个破电话还抢,丢人现眼。你俩这么贪玩儿不争气还给您惹麻烦,您能不着

---

① 小九:前面4个哥哥按照兄弟齿序小排行,从我五哥(我习惯按照小排行称呼他)开始按照家里七姐妹的大排行,称呼他为老八,外人称"八爷",我行九,外人称"九爷"。

急动气吗?"我二哥缓缓地说:"老人家啊,是想大哥了,那种想念的滋味,憋在他心里,说不出啊。"

四哥总结说:"咱们谁苦也没有咱爸苦。还有大哥,都练吐血了,人家那才叫苦练惊人艺呢。"他说的事情我们都知道:大哥16岁的时候已经小有名气,那时他整天忙碌着赶场演出,时间很紧。每天一大早起来便冲着墙背诵贯口活,练吐词咬字,睡觉前叨咕着台词,走路也想着台词。他在电车上背词儿,不知有多少次坐过了站。有时候,吃着饭停下来,凝神思索着,筷子掉在桌子上还不知道。妈妈理解地说:"宝堃,先吃饭,别背词儿了!"由于过度的劳累,又不懂科学的发声方法,他的声音渐渐沙哑了。有一次,我四哥亲眼看见他吐了口白沫,里面带有血迹,喊出来:"血!"他若无其事地笑着跟我四哥说:"话过千言不损自伤嘛!干咱这行,要学惊人艺,须下苦功夫啊!"

四哥这么一说,大家都不说话了,父亲小时候为学戏到东北几乎九死一生,大哥苦练成为人民的艺术家。我们这么好的条件,怎么能不刻苦练功,练好为人民服务的本领呢?

常贵田、常宝华演出剧照

父亲对我们在艺术上严格要求,经常以大哥的刻苦精神来教育我们,还注意用大哥的一些表演特点来指导我们。父亲常说:"说相声的人很多,不能都是'大路货',必须要有自己的特点。还要有自己的绝活。"他还说过类似的话:"都是说相声,你也说,人家也说。舞台好比擂台。人家受欢迎,

188

你不受欢迎,那就算是把你打败啦! 所以你们就得要'山后练鞭',十八般武艺样样拿得起来才行。"

所谓"山后练鞭",就是说除了规定的必不可少的排练时间以外还让我们暗下"私"功,偷偷地多练。他说,从来没有天上掉馅饼的好事,人都说信这个管用,信那个有好处,我什么都不信,除非是天上真有馅饼掉下来,我才信。说相声,只有吃苦练功这一条路,但不是"死"路,贵在坚持,走下去就"活"了。

七、艺无止境

我家住天津市和平区蒙古路 92 号,哈密道与四平道之间,三楼,一溜窄长的房间,一进门有个小厅,后面是一间大房,后面套一间小屋,我父母就住最里面的小屋里。面临大街的窗户跟前,有个联二桌子,桌子上总是摆放着一盆兰花,四季清香淡雅。我父亲非常喜欢这种花,象征着他低调、不张扬、淡雅的人生。

我父亲是个很有生活情趣的人,冬季时他用个小碗,生一碗蒜苗,种韭菜根,长出韭黄来,吃面条时放上一些,面条也很清香了。白菜头用水泡,长出白菜花,开小黄花,别看屋子小,也很有生机。生活充满了情调。

在这张联二桌子上,放着他的笔墨纸砚。我父亲演出之外,大部分是在写,他用一种小本,外面蓝色封皮,里面是宣纸,有格,他用毛笔小楷字抄写他一生演过的相声段子,他把群口、对口改成单口,编写生活中喜闻乐见的事情,用在段子《黄半仙》《山东斗法》里,日复一日地写呀写。父亲没上过几天学,他靠平时一点一点学习积累,自己学会写字,这就是"记问之学"。用行话来说就是整理"彩子",一点一滴地检查,一句一词地录写,这些整理好的相声文本里，没有一句低俗的话。功夫不负有心人，他用这种蓝本记录他所说的相声，记了很多本，送给市曲艺团，但后来不知所终了。

有时我父亲放下毛笔，听他的一些唱盘，里面有小白玉霜、鲜灵霞唱的评剧，梅兰芳、马连良唱的京剧，小少卿唱的越剧《哭灵》，陈素贞唱的豫剧《木兰从军》，反复听，反复学，不厌其烦，他还模拟唱段，经常唱给我姐姐听，问像不像原版、哪里有问题等，反复推敲，直到准确无误才停止。我父亲有一个观点：相声必须向兄弟剧种学习。比如像《捉放曹》《黄鹤楼》这样的腿子活，必须要借鉴其他艺术门类，否则格调不行。

有一次，我听见他在家里用留声机听豫剧《拷红》，"樵楼上打四梆霜露寒又凉，为他们婚姻事俺红娘跑断肠。抬头把天望，为什么今夜晚这夜真长？恨声老夫人过河你拆桥梁，逼你的亲生女夜半会张郎，从今后再莫说你治家有方。"因为他听了一遍又一遍，这几句词我都记住了。他一定是在创作什么新段子，用到这两句唱。还有个相声里需要学新疆舞，他和我会跳舞的五姐常宝珊学维吾尔族舞蹈，学会了那个最经典也最难学的"动脖"动作，后来这个动作被父亲运用到一个返场小段当中，效果相当不错。

突然有一天，父亲竟然学起外语来。

之前说过，我父亲变古典戏法时加包袱儿"纲口"，是戏法界第一人，没有人能超过他。罩子有两个圈，从里面拿出香蕉、苹果、花生等，如果光变不说，变变就没有意思了，父亲的包袱儿精练幽默，观众爱看爱听。

50年代，市里经常有接待外宾的任务，请我父亲到干部俱乐部给他们表演古彩戏法。我父亲想到外国人可能听不懂，包袱儿笑料的效果出不来，怎么办？他想到一定要用国际上通用的英语来沟

通。那个时候会英语的人很少,他找我七姐常宝瑛,她那时正在上中学,是英语科代表,我父亲就虚心地向她"请教":

"宝瑛,这香蕉在英语里怎么念?"

我姐姐教父亲:"Banana."

"噢,念 banana,苹果呢?"

"苹果念 apple。"

"Apple,花生?"

"Peanuts."

"Peanuts."父亲就这样一个词一个词地学。

父亲学会了几个单词以后,又学起句子来,因为演出时要和外宾互动,要用语言交流,就跟她学了这样几句话:

你好。Hello.

你几岁? How old are you?

我是演员。 I am an actor.

请你到台上来好吗? Will you come up here, please?

谢谢你帮助我。Thank you help me.

非常非常感谢。Thank you very much.

希望再见面。Hope to see you again.

他演"手彩变球"的时候,一个变俩,俩变仨,仨又变四、变五,最后一下全不见了,父亲手里变着,嘴里用英语说着:"One,two,three,four,five ... Oh,none."果然外宾听懂了,现场效果非常强烈,老外不仅看懂了戏法,有包袱儿的地方也笑出来了。因我父亲小时候到过海参崴,会说几句俄语,有一次苏联大马戏团来的时候,我父亲就用简单俄语对他们说"你们好啊""谢谢观看"等,很受欢迎。

父亲喜欢学说各地方言,练倒口,有机会就学。我姐、我哥和我

191

的同学中外地人很多,有山东人、唐山人、湖北人,广东人等,他们都喜欢来我家玩,因为我父亲一点儿也不像别人家的父亲那么严肃严厉,而是一个慈祥可亲的"伯父",逗着他们玩和我们的同学们打成一片,而且很亲切地称呼他给他们起的绰号——"小不点儿""小山东""话痨""快乐多"等,一见面就跟"小山东"学山东话:"你吃饭了吗? 喝水了吗? "

学唐山话,骂孩子淘气,唐山的奶奶会说:"活到 80 也是狗食。"我父亲觉得这句话很有意思,一遍一遍地向我来自唐山的同学学。

常连安在苏州虎丘留影

赵佩茹的夫人是上海人,她一来,父亲就跟她学说上海话,比如说到理发馆洗头是"打打头"等等。

这些方言被我父亲用在《学四省》《山东二黄》《拉洋片》等"倒口"的单口相声中,笑料一个连一个,可惜这几个段子没有留下录音资料。

平时不演出的时候,我父亲照样去剧场看演出。我七姐问他:"您不演出干什么去呀?多累。"我父亲对我们说:"说相声的光说相声不行,要向姐妹艺术学习。因为艺术是相通的,尤其是其他的曲艺,都要学习借鉴。"他听桑红林、骆玉笙、阎秋霞等人唱的京韵大鼓,石慧儒的单弦、王佩臣的乐亭大鼓,他都要听、都要学。比如他对石慧儒很推崇,说她吐字清楚,相声演员都应该向她学习。王佩臣台上表演活跃,引起共鸣。骆玉笙的低音很美,唱腔有独特之处。

我父亲说过一句话:"地方小曲的表演风格必须借鉴。"他挖掘整理了什不闲这种传统的技艺,在1957年第一届天津曲艺杂技会演中,他组织曲艺团的演员一起来演奏这个节目,骆玉笙会使乐器,她负责打小锣。这也是什不闲最后一次出现在舞台上,以后就没有人再演,和荡调一样,失传了。

他收了高元钧做徒弟后,也买了一副鸳鸯板,向高元钧学会了说山东快书。

我父亲从小坐科唱京剧老生,多年来一直坚持吊嗓子的习惯,平时练胳膊练练腿,恢复京剧动作和唱腔,并且吸取京剧的精华,运用到段子的笑料中去,他在相声《武松打虎》《空城计》《杂谈京剧》中都有非常正宗的京剧老生的表演,可惜没有留下录像资料,非常遗憾。

在曲艺团排演的反串戏《打渔杀家》中,他演肖恩,赵佩茹演教师爷。在《法门寺》中,我三哥常宝霆演青衣宋巧姣,赵佩茹演丑角贾桂,我父亲则演老生赵廉,唱、念俱重。

过去看京剧有一个民俗叫"蹭儿戏",就是过去的戏迷票友因为没票,前门不让进,到后台看见认识的演员,冒充跟包的混进去。还有一个京剧术语叫"站门",说的是将军两旁龙套的列队。我父亲的一个单口相声《空城计》,就是写一个爱看蹭儿戏的人,根本不会演戏,临时被抓差演龙套闹出笑话,使的就是站门的"底",司马懿唱:"叫一声三军听根芽,每日出兵一边儿俩,今日你为何一边一个一边儿仨?努嘴儿挤眼儿你全不怕,还得老夫我把你拉。"虽然只有几句,唱得非常有味道。

八、广交朋友,家庭研讨

我父亲的人缘很好,因为他特殊的艺术经历,用现在的说法他是"三栖"的演员,他的朋友有这样几类,京剧界的、魔术界的、曲艺界(相声界)的。

父亲很喜欢魔术,有很多魔术界的朋友,我们家住曲艺团的时候他们经常到家里去。万子信,万寿生的儿子,他在长春杂技团,穿中式白色衣服,裤子也是白色的,系疙瘩襻,穿小口布鞋。还有陈亚南、陈亚华,都到过我家,他们都是我大哥在兄弟剧团的老同事,也是在赴朝慰问团共过生死的战友。还有于德海,穿长袍的,变中国戏法。魔术师们都很干净利落,那时候魔术表演很时兴,演员们都穿西装,道具和服装漂亮,很吸引人。我父亲在演相声的同时,始终没有扔下这门艺术,罗圈献彩成为他最拿手的保留节目,多次为国家领导人和外宾献演。

在专门介绍天津杂技的著作《沽上百戏》一书中把"罗圈献彩"列为经典节目,书上这样介绍我父亲:"天津早期表演'罗圈献彩'的高手当首推戏法名家常连安。40年代将这一节目从撂地搬上舞台也始于这位老戏法家。常老初学京戏,后改戏法又长于相声,所以他在戏法中最注重边说边变、有说有变、口彩相连、说表并重的表演方式。他常以其清晰伶俐的口齿,运用许多相声中幽默风趣、笑料百出的说白,加上其熟练的表演技巧,使观众出神入化,使戏法更为耐看耐听,情趣盎然。1960年天津首届魔术会演他已年逾花甲,仍以其不减当年的娴熟的技巧、风趣的说白、潇洒的台风,表演了独特风格的民间戏法,并在其中穿插魔术的'抢托'技巧,从身上变出瓷碗等许多彩品,使天津喜好戏法、魔术的观众

前排左起：谢添、刘宝瑞、郭启儒、侯宝林、常宝霆等

大饱眼福。"其中提到的"抢托"手法不属于古彩戏法，正是我父亲向魔术界朋友的学习借鉴。

电影界的谢添导演和我三哥、四哥都很要好，他是从北京的启明茶社一直"追随"过来的"相声迷"了，来过我家很多次，称我父亲为"常老先生"。他有时穿西装，有时穿中山服。我对这人印象很深，像老朋友，谈吐大方，爱说笑话，幽默，他希望从相声界找到包袱儿，用在喜剧电影中。确实，他的喜剧电影很出名，应该说对相声有所借鉴，表现了东方幽默。

还有一个电影演员经常去我家，他就是天津籍演员郭振清，这个人多才多艺，因为家境贫寒当上了电车售票员，会唱单弦、数来宝、说相声，京剧、评剧也能唱两口，后来加入了总工会文工团，1952年在电影《六号门》中成功饰演胡二，1954年在电影《平原游击队》饰演李向阳，成为天津文艺界的名人，经常要在晚会上演出相声，所以他虚心地向我父亲求教。

这些来的人都喜欢吃我妈妈做的炸酱面。我父亲爱吃面条,一周有时要吃四五顿,当然我妈妈不仅是做面条,她很会做饭,红烧肉、熬黄花鱼、对虾啊,来人都要吃这些。我妈妈脾气直,热心肠,大手大脚,非常有爱心,乐于帮助别人。端午节包粽子,一包一大锅,给全楼的邻居大家分,大家都叫她"常奶奶"。去长春道的法国菜市买菜,卖菜的都认识她,很热情地和她打招呼:"常奶奶来了,买什么菜?""买点茄子。"买完了,人家说:"再买点西红柿吧。""买。"人家又说:"黄瓜也不错。"就买黄瓜,她特别好说话。

京剧界朋友来了,从不在家吃饭,马连良是我父亲的同班同学,他来得多些。还有裘盛戎、于连泉,这些人来天津,一定抽出时间来看望我父亲。一般吃中餐会去国民饭店、惠中饭店,有时也去和平餐厅、起士林吃西餐。见他们的机会也很多,都是在中国大戏院看他们演出。

梅兰芳先生在天津的最后一次演出,也是他人生的最后一次演出,邀请我父亲去看,我父亲说:"这是国粹,必须看懂。"我父亲郑重地去看梅老板的戏《穆桂英挂帅》,这是梅先生晚年奉献给国家京剧艺术的瑰宝,从这部戏中能够感受到梅兰芳先生老当益壮、当仁不让、不怕艰险、永远进取的精神!这也是我父亲晚年为之感动并践行的精神。

我家还有一位特殊的朋友,他叫宋振庭,此人兴趣广泛,尤其爱好戏曲曲艺,是党内不可多得的博学治文的高级官员,也是一位作家。他是延吉人,正是我父亲幼年时唱戏的地方,"九一八"事变后,其父为抗联募捐,全家被驱逐出城。后到延安参加了革命。他在天津做地下工作时,经常在小梨园听我父亲和大哥的相声,据他说听的是"海参燕窝和白菜帮子在穷人肚子里打架"的故事,被逗得哈哈大笑,因此非常崇拜他们的艺术,后来成了我大哥的好朋友,也和我父亲成了忘年交。他在做吉林省委宣传部部长期间,把二人转发展为吉剧,对东北戏曲曲艺的发展做出了突出贡献。1984年出版的《常氏相声选》就是宋振廷给写的序言,宋部长对常氏世家相声的特点了如指掌,他指出常氏相声有三大特点,第一是讽刺艺术。"作为讽刺喜剧艺术,常氏的相声,特别从宝堃起,它是人民反抗和抗争的尖刀和匕首。"

第二是表演特点突出,具备独特体系。"常氏相声,是有一个自己的编写表演的艺术体系的。从宝堃起,大家惊叹那潇洒大方、表演细腻、语言精练含蓄,特别是笑料厚实、味醇味厚而深远。他能把人笑破肚子,但自己却一点不笑,继向纵深切入,使锋利精辟的语言鞭辟入里,甚至在听罢出门之后路上想起,又迸发出笑声……相声一界,有了宝堃的创作,使我深信这个艺术原理,在同是喜剧的艺术中,其高低粗俗、美丑妍媸又是何等的天壤之别。"

第三,常氏相声是不断革新的世家。他说:"这个世家是个老字号,老传统的厚底子,这不用再说了,常连安老先生是真正坐科的艺人,以后又长久地闯荡江湖,得到相声艺术及姊妹艺术的真正的三昧真火,但更使人敬佩的是这

《常氏相声选》封面

个世家不是保守、守旧的世家,是个不断革新、不断随着时代的步伐前进的世家。这个家族的谱系,和他们的作品,辈辈相传而又不断革新,不断出新人和新作品,都证明了这一点。"这三个特点抓得

非常准确,可谓我父亲和常氏相声的知音。

我家还有一个好"传统",就是家里一来人就开研讨会,凡来家的曲艺界朋友,先说上一段自己最近的作品,然后大家一起评论、提意见。凡是曲艺团的人都来过我家,属刘文亨、赵佩茹这两人儿来得最勤,他俩和父亲一起,他们仨一研究起"活"来就没个完,聊得热火朝天,连水都顾不上不喝。

"研讨",是我父亲善于总结的一个好习惯,早年在启明茶社也是这样,演出一场过后,演员不能走,要总结一下这一场的演出效果,重视观众评判,对不好的地方要提出修改的意见,提升段子。由于他坚持这样做,锻炼了不少演员。

家庭研讨会,就是在家里开的小型观摩讨论会,一般由我父亲来主持。前面说过,在达智营的家里每星期天都要开这样的会。新中国成立后因为我们常氏兄弟都是相声圈内人,平时工作在外地,有时有一两个回家看看,三句不离本行,必然要谈到最近的演出,我父亲也想看看我们在艺术上有无长进,索性大家都各说一段,大家(包括我父亲)一起评判。

比如高元钧大哥来看师父,高元钧是我父亲唯一的徒弟。他原名高金山,河南宁陵人,幼年即背井离乡,卖唱乞讨,后拜戚永立学唱"武老二"。20世纪40年代,高元钧和刘宝瑞成为莫逆之交,在南京、上海一带搭伙撂地演出。两人一起撂地演出时,刘宝瑞说段单口,高元钧来段快书,两人再来个对口相声,很受欢迎。

据高元钧的儿子高洪胜说:他父亲高元钧思想上非常要求进步,早在1946年至1949年期间,就在上海参加左翼活动,与党组织有过接触,他对组织诉说他的苦恼:我说相声没有师父,想拜师。组织上推荐说:你到天津去,找常连安,因为常家是京津相声界的一杆大旗,而且思想上很进步,他儿子常宝堃抗战期间说过《牙粉袋儿》,是进步人士。

　　高元钧 1949 年来天津,住在中华旅社,转天来找我父亲,见面就说:"我就是找您来了。"我父亲就问他:"你有什么能耐啊?"高元钧说,我会说山东快书,就说了一段,我父亲听了特别喜欢,因为那时快书很少听,高元钧当时年轻,很活跃,演得很好。我父亲说:"这样吧,收你当干儿子吧。"后来高元钧才说,我说相声没师父。高元钧这样拜的我父亲,和我大哥常宝堃还是结拜兄弟。然后高元钧就留在天津,在天津演新唱新,说生产就业的段子,获得过劳模称号。他也参加了第一届赴朝慰问团,我大哥牺牲的时候,他闻讯赶来,恸哭不已,在地上长跪不起。从朝鲜回来后他参加了解放军总政文工团。高元钧特别喜欢相声,在快书里借鉴了很多相声的东西,并经常来看望我父亲。

讨论作品。前排左起:高元钧、侯宝林、常宝霖,后排右起:常宝霆、常宝华、常贵田

有一次高元钧来,我父亲问他最近有什么新活(作品),让他演一段看看,高元钧拿起铜板唱了起来,他说了一段山东快书。说完以后,父亲让大家都发表一下看法。因为这是在家里,气氛很自由,大家想怎么说就怎么说,真是畅所欲言。有人说这段唱刻画人物比较好,但是感觉节奏快了点,不容易煽动(调动)人的感情。也有人说,表演比之前更自如了,比之前有很大进步等。我父亲说这段作品很好,有什么值得学习的地方等。正好我五哥刚学完李派快板书名段《武松打店》,我父亲就让他唱,等他唱完,我父亲让高元钧提提意见,因为快板与快书亦相近相通,于是我五哥从高大哥身上又学到了很多东西。

像这样的研讨会隔三岔五就"开"一回,因为总有人来嘛。对我们演员来说,很需要这种交流、研讨和相互借鉴,对艺术的切磋、内容的提升、表演的改进等都有很大的好处,我们全家都乐此而不疲。

九、仁厚宽慈,爱好摄影

在达智营的时候,我们家的人特别多,有大舅家的表姐赫淑棣、老舅、老舅妈;大姑和二姑吴淑贤,她们是父亲继父的兄弟的女儿;我母亲的一个叔伯姐妹,我们叫她二姨,和他们家的孩子果春源、果春惠、果春葆;田英妈妈的弟弟,我们叫舅舅,和他的孩子小栓子;还有一个人,不知是什么亲戚,我们叫他老爹,多的时候有十几口人。对旧社会的人们来说,温饱是最大的问题,那时我家家境稍微有点好转,只要有人来我家,我父母就伸出援助之手,很有爱心。当然这些亲戚也非常朴实能干,各尽所能,有的帮助做饭,有的帮助做衣补袜。二姑吴淑贤特风趣,大人孩子都爱和她开玩笑。淑棣姐生来有一双巧手,女红很棒,现在她们90多岁了还都健在,经常和我的姐姐们电话互问,和亲姐妹一样。

父亲做人低调,不事张扬,不摆架子,平易近人,待人平等,在曲艺团担任团长时,逢年过节,都要请团里的非演艺人员来家聚会,监场、会计、团里行政人员以及勤杂人员,一些平常不起眼的、不太被看重的人,父亲把他们都请到家里吃饭,母亲很辛苦地买很多菜,下厨房做很丰盛的饭菜,席间我父亲给他们一一斟满了酒,说:平时演出麻烦你们啦,这杯酒表示我的敬意,谢谢你们啦!师傅们高兴地喝酒吃饭。

父亲为人谦和,比如对于邻居,三老四少一律打招呼,非常礼貌。就拿上楼梯这件事来说,我家住三楼,每次他要下楼时,听见有人上楼,他肯定就不走了,站在一边,让人家先上去,他再下。上楼时也是这样,听见有人正在下楼,他站在一边,让人家先下,他再上。街道主任杨桂珍说:"我就佩服老爷子这一点,对谁都客客气气,对谁都有礼貌,任何一个人都做不到。"

父母亲不仅谦逊礼让,邻里之间关系特别好。而且心地非常善良,乐善好施,帮助过好几个邻居。比如隔壁住的一户人家,姓于,有三个儿子一个女儿,比我们的年龄还小,妈妈嫌家里太穷就出走了,只有爸爸一个人挣钱,奶奶身体很不好,常年卧床吃药,家里生活很困难,我父亲和母亲都是软心肠,见不得别人受苦,每次做好吃的,就给王家送过去。孩子们有时来家里,一叫常爷爷、常奶奶,我父母赶紧开门让进来,管他们吃饭。

邻居家有个女孩子,叫秋红,是个孤儿,打小和她姨一起过,后来处了个对象是军人,结婚时必须体检,结果查出有肺结核病,也就是老百姓所说的"痨病",当时的人谈"痨"色变,这种病的可怕之处不仅是治不了，而且还属于传染病，于是婚也没结成，她姨也不要她了，把她赶出来，住在楼道里一间3平方米的储藏室里，没有药吃，也不按时给她送饭，嫌弃她得这个病，巴不得她快点死掉。

我父母看到好好的一个姑娘沦落到这般境地，实在心如刀绞，商量着不能不管，于是每天做好吃的给她留出一份，送肉、送鱼、送鸡，也不怕被传染，天天给送饭，送了足有多半年，可怜的秋红姐姐还是去世了。临死之前，她挣扎着爬起来，给我父母磕了3个响头，说："秋红从小没有亲人，常爷爷、常奶奶，你们就是我最亲的亲人。我受了你们的大恩大德，今生无以为报，来世变牛变马也要报答你们。"父母亲和在场的街坊邻居都哭了。这件事是我七姐后来讲述的，她说父母亲是以人间大爱温暖了一个孤女的心，这种"仁爱"精神在她那里扎下了根，影响到她将来选择医生做职业和她对病人的态度，并一直影响了她的后半生。

我七姐宝瑛回忆我父亲说："我和我大弟弟从小在舅舅家生活，舅舅、舅妈很疼爱，我们有童年的玩伴，很开心。1951年大哥在朝鲜去世，父亲派人告诉舅舅，要接我们去天津。我心里有些怨恨，父母从小没有怎么管我们，并且去天津人生地不熟的，对父亲很陌生，有点惧怕，听说哥哥们在学艺的过程中都没少挨打，觉得父亲是一个很凶的人。舅舅、舅母送我们去火车站，交给列车员就走了。我那时七八岁，弟弟比我小两岁。

"下了火车，火车一停，首先看到爸爸，他在车站等了好久了。见到我们就问冷吗？舅舅对你们好吗？它接过我们的所有东西，开始带我们走。走了很远很远的路，到了一条非常热闹的街道，现在想起来，就是滨江道。到了一个大商店，可能是劝业场，让我们挑选衣服，爸爸给我买了一件上衣，紫色，上面有小白花的，还有一件是套棉袄外边的,图案是蓝色小圈圈的,还买了裤子、牙具、毛巾等,我心里非常高兴。因为长这么大,也没有人带我们买过什么东西,当时心里暖乎乎的,觉得爸爸真好。"

我六姐宝玲中学上的是北京女三中,七姐宝瑛上的是天津女四中,六姐住校,到寒暑假回来时,父亲对两个念书的姐姐说:"哥哥们为了养家,没钱念书。上面的姐姐要给班子里的演员们做饭,也没念书。现在新社会了,老六、老七赶上了好时候,要好好念书,咱家就靠你们俩了,你们能念多高就念多高。你们记住,女孩子任何时候,都不能靠丈夫,不能靠娘家,更不能靠婆家,要有自己真正喜欢的事业。"

我七姐考大学报志愿的时候,父亲帮助她选择志愿,问她:

"七姑娘,你喜欢什么吧?"

七姐那时很有想法:"要不然我当老师,要不然学播音,去配音,

常家女儿(中左起五姐常宝珊、三姐常宝玉、大嫂桑秀茹、二姐常宝珠、四姐常宝环、后左起七姐常宝瑛、六姐常宝玲)

要不然当法官,为穷人讲话。"

父亲又问:"还想过别的职业吗?"

"我有点想学医,当个大夫。"

父亲一听就说:"学医好啊,学医是最让人尊敬的职业,是受人欢迎的,一辈子做好事做善事,一辈子替人解决疾苦。真太好了,你的性格也适合,你又爱念书,学医吧。而且咱家人也多,将来也有用,医生越老越值钱。"

父亲说得很有道理,七姐听了他的这一番话,下决心学了医。她以优异成绩考取了天津医学院医疗系,一学就是六年,毕业后分到滨江医院,一直工作到2000年退休于人民医院,她不仅医术高明,而且对待病人非常热情且有耐心,病人都愿意找她看病,她多次被评为市级优秀医务工作者,获得内科"急救专家"的称号。

我父亲一生没有任何不良嗜好,不抽烟、不喝酒,后来有些好朋友让他试试抽烟丝,这个很有讲究,也抽不多。还有好朋友送他漂亮的烟袋,象牙的烟嘴,烟斗是3B的,在烟丝上面放香料、搁牛奶,父亲洋洋得意地点着了,有花香奶香,各种奇异的香味,很好闻。有时我们就和他开玩笑:

"您是抽大烟吧?"

"可不呗。"我父亲也和我们开玩笑:

"不单我一人抽,让你们也享受享受。"

父亲平时生活简朴,一条棉毛裤补了又补。有一次我妈说:"这回不补了吧,买条新的。"他说:"再补补吧,还能穿一阵。"但是我父亲出门非常注重仪表,穿西服,淡蓝色,很浅的近似白色的西服。他还有一套大礼帽、水獭领子、大皮鞋,收拾起来放在一边,有需要的时候才拿出来,很漂亮,很有样子。即使是在夏天,他在家也从不光膀子,穿大背心、老头衫、很薄的过膝的裤子,很舒适的家居服。

父亲的饮食起居也很有规律,每天早餐是一个鸡蛋一碗奶,吃过饭就出去遛弯,锻炼身体。

我父亲最喜欢的饭就是面条,什么面我们家都吃过,炸酱面、麻酱面、西红柿鸡蛋面、打卤面、氽面,还有肉汁面、花椒油拌面,辣椒丝炒一炒都能拌面。

我们家还喜欢吃天宝楼的卤煮丸子,做汤或者和白菜一起熬着吃,现在没有了这味吃食。我妈总带我去天宝楼,去了就说,师傅,您给切一毛钱肝。切完塞到我手里,我就吃酱肝。还有天源的小酱萝卜,我父亲在喝粥、喝汤或吃饭不太咸的时候,吃点酱萝卜。

有时和我母亲去康乐对面的稻香村,那时并排两个稻香村——森记、林记,买点海参、腐竹、点心,买这些东西。也去万顺成买点小吃,我最爱吃红豆粥,其实那是个早点部。

另外,我父亲还喜欢吃西餐,爱去和平餐厅、起士林、红叶餐厅等。

我妈妈烧的菜很好吃,都是北京的做法,熬鱼,家常熬鱼,烹大虾都比饭店做得好吃。有个素菜叫荟茄丝,酸甜咸还有点儿辣,茄丝切得非常细,拿水泡,把黑汤泡出去,加点儿胡椒面,香菜,做出来的菜又白又漂亮又好吃。

还有熬大茄子块,买圆茄子,切斜块,有炖好的肉一起熬,没有炖肉切几片肉,和肉一块咕嘟,蘸着蒜和醋,把菜的味道提上去了,很好吃。

父亲吃饭不挑剔,我妈做什么都爱吃,只有一点,要求新鲜,千千万万不要吃剩菜,哪怕是咸菜,每天都要换换样。

我父亲生活上严谨有条理,在蒙古路的时候,我家住房条件不好,房子小东西又多,要想不乱就要有秩序。我父亲摆放东西很准确,什么东西在什么地方不能变,他放的东西,你经手一摸,他就知道有人动过了。

曾经有一次改善住房的机会。有一天我父亲演出后,时任天津市市长李耕涛来后台看望他,问他有什么困难,那时父亲如果说要求改善住房条件,市长说不定会给批个条子,但是父亲并没有提,他是不想给人民政府添麻烦。

赤峰道故居留念(左起常宝珊、常宝华、父亲、母亲、常贵田、常宝玲)

后来我家搬到赤峰道 103 号中二楼,是我三姐和三姐夫调到北京后空出来的房子,一个大间的房子,有个小过道,小房子是隔开的,外面是大房子,我父母住在小房子里面。虽然不大,有 40 多平方米吧,但是由于我和五哥都参军走了,只有七姐和他们老两口,所以住房不像从前那样拥挤了。

父亲是一个自律而且让整个家庭自律的人,他经常教育我们:"你们每个人出去都代表常氏家族,要为这个家做好事,做老百姓欢迎的事，做有益的事，不要做违反社会规定的事，不要张扬自己，不要给常氏抹黑。"

他对常氏儿女子孙们日常生活的要求也很高，规矩很多，如看见长辈、同学、邻居们打招呼，说话眼睛要看着人，要有礼貌，用"您""怹"等敬语。早晨对父母请安，对姐姐哥哥要有礼貌，走路要给上年纪的人让路，吃饭睡觉不能说话，吃不言，睡不语。吃饭碗筷要有一定位置，不能瞎摆，吃饭不能吧唧嘴，不许搅和菜，不许剩饭等。谁把饭粒掉桌子上了，他就用筷子戳，谁掉的都得捡起来吃了，给我们讲汗滴禾下土那首诗，说农民种地不容易、不能浪费的道理。要求我们举止做派要端正，绝对不许骂街、带脏字、斜眼、没礼貌地看着别人都不行。

父亲还是一个幽默、乐观、开朗的人，有个经常给他剃头的师傅姓王，父亲叫他大老王，他说"找大老王去了"，就是剃头去了。1966年我父亲病重，我七姐正在天津医学院住校，得知爸爸吐血了，骑车往家跑，心慌得不行，撞到了门口，摔倒了，回家看到父亲就哭，父亲说："别哭，我没事，给我找大老王去。"

我七姐第一次做烙饼，父亲吃了说："好，连嘴三层。"七姐问是什么意思，他说了句歇后语：

曲艺团在外地演出，有王济、花五宝、新韵霞、朱学颖、常宝丰、孙志等，后排有我父亲

207

"你这饼啊,是皇上他妈——太后(厚)。"七姐眨着眼还没想明白,我妈妈听见一下笑出声来了,七姐也跟着笑。

我父亲有一项最大的爱好是摄影,40年代时经常给我哥哥姐姐们照相,比如搞一个《打面缸》的摆拍,没道具就自己开发,用草纸糊个乌纱帽,手里拿的杠子是门闩,把我五姐打扮成钓金龟的老旦等,使家里的生活充满了情趣。50年代他买了一台德国蔡司照相机,非常喜欢,到外地演出时一定带上,上海、杭州、无锡、桂林、合肥、苏州、嘉兴到处都留下了他的足迹。平时也自拍,给家人和孩子们拍,给同事拍,然后很辛苦地自己冲胶卷,洗照片,洗完送给大家。

蒙古路雪景(前:常宝瑛 中排左起:常宝丰、常宝庆 后排左起:常宝玲、常连安、赫淑卿)

我父亲还配了三脚架,拍自拍。一开始拍不好,设置好几秒以后,一按快门,他就跑过去。可等洗出来一看,有时只有半截身子,或者只有半拉脑袋,逗得自己哈哈大笑。后来熟练了就拍得很好了,也和我妈妈一起拍自拍。

一个冬天的清晨,我们起来一看,夜里下了一场大雪,白茫茫大地连成一片,到处都是银装素

父亲为游泳的孩子们拍照

裹、琼枝玉叶的，非常漂亮，父亲一下来了兴致，说："孩子们，走，照相去。"我们问他："下雪了怎么照相？"父亲说："傻孩子，走吧。"打雪仗、堆雪人，合影照相，父亲和我们玩得都很开心。

夏天，我们在水上公园游泳，父亲给我们拍照。

父亲还喜欢欣赏建筑，北京的三大建筑——人民大会堂、历史博物馆和电报大楼，他曾专程从天津去参观，回来以后就和我们讲这些建筑的美，充满了对伟大祖国的热爱之情。

十、只争朝夕

有一件事情让我父亲终生难忘，那就是见到了周总理，而且周总理还和他谈了话。

那是 1962 年的一次大型文艺演出，我父亲在台上表演古彩戏法，演完以后正在后台卸妆，周总理来到后台看望演员们，"周总理好！"大家都围拢了过去，周总理笑着问我父亲：

"常老啊，能不能把机关告诉我呀？"

我父亲知道总理和他开玩笑，他也笑着说：

"哎呀，总理，对不起，不能告诉您，告诉您我就没有饭碗了。"

周总理头向后一扬，哈哈大笑：

"对呀，那是你的机关秘密，告诉了我，你就真的没饭碗了！"

周总理停了一下，又问："您多大岁数了，是什么属相呢？"

我父亲告诉了总理自己的年龄并说是属猪的，总理仿佛恍然大悟地说：

"啊？噢，我跟你一样的岁数。过去我一直不知道自己属什么的，这回我可知道了，我是属猪的。以后别人再问我属相，我就可以说我是属猪的了，太好了。"说完又愉快地笑起来，非常亲切自然。

常连安在北京九龙壁留影

我父亲心里热乎乎的,这么大的领导,地位那么高,可是跟老百姓说起话来,像亲兄弟一样,那么和蔼,那么温暖,那么可亲。尤其是对我们这些文艺工作者非常尊重,非常关心,真是人民的总理爱人民,人民的总理人民爱啊!

这次见到周总理,我父亲受到极大的鼓舞,更加勤勤恳恳地为人民服务,兢兢业业干好工作,以只争朝夕的精神投入业务中去。

父亲认为业务也就是相声是第一位的,视为生命一样的重要,他经常说的一句话是要"台上如猛虎,台下如绵羊"。不管情绪多么不好,不管是否生病,有时他在发烧,一上台就全都忘了,马上就精神起来,眼睛瞪起来了。

1963年春天开始,如日中天的天津市曲艺团搞了一场"旅行演出",到南方、到北京、东北各地巡演。我父亲因为在外面吃饭,被传染上了急性肝炎。正值团里在上海巡演,演出海报已经张贴出去了,有他说的七八段单口相声,《追车》《黄半仙》《山东斗法》《婚姻与迷信》《空城计》《日遭三险》《哭笑论》等,都是很吃功夫的段子。

急性肝炎发作期,高烧、呕吐、浑身乏力,一个老人,带着病在台上坚持演出,一演就是20来天,是什么样的精神和毅力在支撑着他呀!实际上他根本顾不上考虑自己的病,他的精神、状态都在演出的事情上了。

上海演完去北京,紧接着东北调演,我父亲在急病期间一天都没有休息,当时没有医学知识,急性期没有注意休息,由于他过度劳累,营养跟不上和没有药物治疗,很快转成了慢性肝炎,接着很快转成肝硬化和腹水。

在东北,我父亲旧地重游,见到了挚友万子信,还有其他的老朋友。因他年幼时孤身一人学艺遭难时,遇到义父纪先生、王军医、耿警官等好心人的帮助,才使他大难不死,得以回京。他对东北特别是吉林有深厚的感情。在吉林演出期间,全团共进午餐的饭桌上,三哥大声吵吵,说:"报告列位,大事不好!"有人以切口问道:"何事惊慌?"我三哥说:"我父亲要跳槽。"父亲的忘年交、吉林省宣传部长宋振庭当即解释说:"常老是说愿在吉林多住些日子,帮助我们办曲艺,可不会离团的,再说,谁敢分裂天津曲艺团啊!"说罢大家哈哈大笑。那时候我父亲根本不知道他的病有多严重,心中正在酝酿着未来的蓝图。他还要到东北传艺,和万子信一道,振兴古典戏法。

回天津后,我七姐一看父亲脸色发黄,知道不好,马上安排父亲在天

1963 年在上海

津第一医院住院。住院期间,他了解到很多医生、护士的工作情况,编了小段相声,给大夫、护士们演出,非常受欢迎。但是从那时的医疗条件来说,肝硬化是不治之症啊,我父亲的身体状况每况愈下。

1964 年我父亲光荣退休,他在天津曲艺团担任了 3 年团长,被选为河北省人大代表、天津市人大代表。

到了 1965 年，那时他的病情很严重，严重腹水，双下肢水肿很厉害。可是他时刻想着能多为百姓演出，多为人民服务。一天他应街道办事处的邀请，自己带着行李，到农村给农民去演出。他谁也不告诉，当时在他身边的只有我七姐，可是我七姐在学校也不知道这件事。后来听别人说，演出以后，几个农民都围着他，心疼得直掉眼泪。我父亲就是这样，完全忘记了自己的病情，圆满地完成为农民兄弟的演出。

十一、"告别演出"

我父亲顽强地与肝病作斗争，用尽了一切偏方中药，但是收效甚微，万恶的病魔在我父亲体内不断施虐，吞噬他的健康。到了弥留之际，我父亲很清楚自己的病对他意味着什么，他并不贪生怕死，但是有一些事他必须要在自己活着的时候完成。

1966 年的夏天，一个闷热的晚上，天阴沉沉的，一场雷雨即将来临。在我家——赤峰道 103 号楼的一间屋里，地上摆放着着些坛坛罐罐，不盛咸菜不放米，都是变魔术的道具。我父亲召集了在天津的所有家人，到这里来看一个重要的"演出"。

为了不影响孩子们的工作，父亲一直向儿女隐瞒自己的病情。所以这时并没有一个儿子在身边：二哥常宝霖新中国成立后响应支援西部的号召，去了甘肃省歌舞团曲艺队，远在两千里以外的兰州。四哥常宝华和大侄儿常贵田在海军政治部文工团，五哥常宝庆在福州军区空军政治部文工团，当时正在中越自卫反击战前线慰问演出。我在广州军区空军政治部文工团。三哥虽然在天津市曲艺团，但是那时他参加农村文化工作队下乡演出了。姐姐们也大多在外地工作，三姐常宝玉在北京轻工业部，四姐常宝环在河北沧州空

常氏子女合影(后排左起常宝珊、常宝玉、常宝珠、常宝环;中排左起常宝华、常宝霖、常宝霆;前排左起常宝丰、常宝瑛、常宝玲、常宝庆)

军第十一航校,五姐常宝珊和二侄儿常贵昇在山东济南军区前卫歌舞团,六姐常宝玲在陕西户县第六一八研究所,在天津的只有在工厂工作的二姐,还有在医学院上大学的七姐常宝瑛,剩下的都是年龄很小的孩子。

我二姐、七姐和七八个侄男望女,有的坐在床上,有的站在地上,围着观瞧着什么。身染重病的父亲,正吃力地蹲在地上,跟前摆着俩小绿瓷碗和五粒红豆。他拿过一只碗扣在左边,底下放一粒豆,又拿起另一只碗扣在右边,这碗底下什么也没有。说时迟,那时快,一揭开碗,左边的豆跑右边去了。把碗扣上再揭开,右边的豆又回到左边来了。

"这托活儿要使好了,全在手上的功夫。你们看清楚了没有?"

身边五六个儿孙谁都不言声。

父亲着急了,抬起头环视了一下,说:"我这可不是给你们开心,也不是为我自己解闷儿!前面我使的罗圈献彩,刚才使的仙人摘豆,还有不少的戏法,都是咱中国民间的艺术。看来我这身体似乎不行了,可这些东西不能带走啊!昨天我把戏法的门子都告诉你们了,那可是戏法界的最高机密,当年周总理问我,我都没敢说,因为我们有规矩,谁也不能砸吃饭的饭碗。可今天为什么我告诉你们呢?还不是为了这些传统艺术能有人传承下去。希望你们无论是男的、女的、老的、少的,谁能记下来都行。哪怕将来你们不使,让别人去使也好。把这套东西传下来,献给人民,这是我的一点心愿啊!"

这时外面突然传来敲锣打鼓和喊口号的声音,这是"文革"时红卫兵在游行,父亲并不知道外面的情况,问是怎么回事,我七姐就回答说是在开会。我父亲有些遗憾地说:"是不是开人大会议?我还是代表呢,可是我病了不能去开会了。我还是继续给你们使活吧。"

当时,正是"文革"初期,剧场早就停演了,不少老艺人都受了冲击。我父亲虽然说已经退休两年了,可说不定哪天就会被造反派揪出来,扣上一顶"曲霸"的黑帽子被公开批斗。到那时,覆巢之下,焉有完卵,家庭所有成员都会受到牵连,生命的安危没有保障,国家的命运前途未卜,谁还有心思去学戏法呢?然而,此时此地,这位病魔缠身的老人,在生命垂危的关头,忍受着疾病的折磨,念念不忘的竟是要把自己大半辈子赖以为生的绝艺,毫无保留地奉献给国家和人民,在场的人又有谁能不为之动情呢?

刚才一口气说了这么些话,父亲不由得连声喘息。他抹了一把汗水,声音孱弱却语调有力地说:"来,你们瞧着,我再使一遍!"这

时,肝区又疼起来了,父亲的额头流下黄豆粒大的汗水,但是他强忍着肝区剧烈的疼痛,又把刚才的动作重复了一遍:

"你们看懂了吗? 谁可以学?"还是没有人说话。

父亲轻轻地说:"没看懂是吧,你们还小,我再使一遍。"

我七姐方才几次欲言又止,这时候,她眼含着热泪说:"爸爸,您可别再使了,我们早就全看明白了。"

父亲摇摇头,又颤巍巍地伸出手,继续使活,他一边表演,一边使着"纲口":"一粒下种,二龙戏珠,三仙归洞……四季太平……五鸟归巢。"他边说边流着眼泪。17 岁的大孙女在一旁再也克制不住自己的感情,叫了一声:"爷爷!"不禁失声痛哭起来。

父亲再也支撑不住自己的身体,一下瘫倒在地上,他抱住青花瓷的坛子,用浮子蒙住自己的脸,放声大哭起来。母亲忙过来扶他,他一把抓住老伴儿的手,流着眼泪说:"淑卿啊,不指望了,孩子们没人想学这个,早知道这样,我就不应该抱着热火罐儿,白忙活了好几天,我这身子骨啊,越来越不中用啦。"

回到床上,他手里一直攥着那条浮子,哭得像个泪人:"我是个罪人啊,眼睁睁看着好玩意儿从我手上失传了,这么好的东西怎么就没人学呢?"在他幼年学艺、受尽折磨、病得奄奄一息时他没有哭,在他携妻儿老小江湖卖艺、风餐露宿、忍饥挨饿时他没有哭,在大哥牺牲、他独自承受老年丧子的撕心裂肺之痛时他也没有哭,可是今天他哭了,哭得很伤心,因为疾病夺走了他的健康,中断了他的艺术之路,他恋恋不舍他的舞台,他恋恋不舍他的观众。原以为能够把心爱的艺术传给自己的后代,却没有一个人回应。他早已把这些跟随他多年的道具看成是自己的老伙伴儿,难道真要把它们一起带走?

他越思越想越伤心,这时候,一个小孙女忍不住了,扑到爷爷怀里说:"爷爷,您别难过了,我学,我学变戏法。"父亲抚摸着孙女的头说:"好孙女,真的吗?你是安慰爷爷吧。""爷爷,是真的,我现在还不懂,等我长大了,一定好好学,将来当一名大魔术师。"这个懂事的孙女就是我三哥的女儿常贵菊,长大后经过刻苦努力成为天津杂技团著名的女魔术家,曾主演过电影《东方大魔王》。贵菊到美国学习时,随身携带着我父亲的戏法道具,成为传播中国传统古彩戏法艺术的友好使者,她的成功算是告慰爷爷吧。后来她定居美国,我三哥晚年和她在一起。

弥留之际,有多少个白天和夜晚,父亲挺着晚期肝腹水症的大肚子,斜倚在病榻上,亲手用毛笔一字一句地抄录自己平时最拿手的单口相声段子。从 1966 年 6 月 1 日开始,到 8 月 4 日,父亲花费了整整 64 天时间,写出了自己这一生的经历和最后的遗嘱。这里面有他对生活的理解,对艺术的热爱,对后代的期望,对未来的向往,字里行间都渗透了他对党、对人民的深厚感情。

父亲在临终前还多次要求我们送他去医院。他说:"我的病实际上好不了啦,倒不如把我交给大夫解剖研究,还能最后替人民做一点贡献。"可是,哪个做儿女的能把自己父亲活着送去解剖啊!

1966 年 9 月 6 日晚 6 点 36 分,无情的病魔夺走了我父亲的生命,终年只有 66 岁。

我的父亲,一生执着于他所热爱的相声事业和魔术事业,自强不息,倾心倾力,为了他喜欢的事业,他真是奋斗了终生。

我父亲常连安是一名人民的艺术家,在古典戏法和相声艺术方面都有很深的造诣。他表演的特点是在台上精气神十足,帅气大方,在语言上精确流利干练,表演诙谐幽默,人物刻画细腻生动,故事叙述清晰,和观众有呼应,观众跟他有亲切感。

我父亲常连安是一个产业家,他创办的启明茶社开启了室内舞台相声大会的形式和说规范相声、文明相声的肇端,十年的辉煌发展贡献了最强的相声名家,打磨了许多对口相声的精品名段,是相声发展史上的里程碑。

我父亲常连安是一个教育家、一名好老师,在团里,在圈子里,在曲艺界培养了无数的好演员,使他们都很有名气。常氏一门共培养相声和各类优秀演员几十人,其中有相声演员 14 人:常连安、常宝堃、常宝霖、常宝霆、常宝华、常宝庆、常宝丰、常贵田、常贵昇、常贵德、常亮、常远、杨凯、胡长江。其他文艺工作者 21 人。

我父亲对子女的教育是进步的、开明的,是走在时代的前列的,正如宋振庭在《常氏相声选》序言里所指出的:"这个家庭,正如常老临终前所说的:他们一家人是真正知道新旧社会两重天的人,因此,这个世家的成员,大都把自己的身家性命和共产党、和祖国联系在一起,成为共产党员、共青团员、革命干部。"

就我父亲本人来说,从当年说"咱们艺人就是作艺,不能参加任何党派",到后来教育儿孙跟党走,而且他自己在 54 岁时提出了入党要求,这个变化就更是非同寻常了。

常家后代中有革命军人 32 人,中共党员 38 人。我父亲对我们常家儿女的教育无疑是成功的,可是父亲从没有把功劳归于自己,而是教育我们要感谢党的培养教育。

十二、写在最后的话

下面这封信,是永别之际的父亲写给我们常氏所有家庭成员的:

致家属

我已病四年之久,常(长)期医治无效,病情上日益严重。在此期间给你们思想上已增加很多负担,寄予你们很多怀念。我在将要与你们永别之际,除了向你们表达骨肉死别之痛并希望你们在我死后遵照下列遗嘱:

一、几千年来资产阶级遗留下来的旧文化、旧思想、旧风俗、旧习惯是毒害人民根深蒂固的意识形态,在当前无产阶级"文化大革命"深入开展中,在我死后的丧事中,决不允许有任何封建迷信色彩。

二、要举行仪式,要厉行节约,一切从俭办理。

三、火葬。

四、死是人间最大悲痛,是常情,但不要过分悲伤,要以革命事业为重。要把悲痛化为力量,要一心为革命,一切为革命,牢记阶级苦,不忘阶级仇。宝堃为抗美援朝献身于无产阶级革命事业,这是美帝国主义对我们家欠下的深仇大恨,也是你们效忠于社会主义革命、社会主义建设的光辉榜样。

五、我故后淑卿誓(势)必感到孤苦,她跟我一生同甘共苦,尤其是对我生活上的体贴关注,几十年如一日,望你们对她多加照顾,我除了向你们重托外并对她今后生活作如下安置:

宝霆夫妇每月二十元 宝环夫妇每月十五元

宝珊夫妇每月十元   宝庆、丰每月各十元

以上安置作为淑卿今后生活费用,仍高于一般家庭费用,在日常生活中不要铺张浪费,克服大手大脚作风,要做到"晴天开渠道,除止暴雨时"。淑卿有事要和大家商量,不要自作主张,不要发脾气,自己多加保重。

六、我一家能得到这么多好的晚辈,在社会主义建设各个工作岗位上读毛主席的书,听毛主席的话,按照毛主席的指示办事,成为积极分子,有的入团、入党,我引以为无尚的光荣和自豪。我自幼仅读过三年私书(塾),文化低浅,况又缺乏教育方法,你们今日在革命工作中能有所成绩,有所进步,要知道这完全是党的培养教育结果,望你们今后刻苦地学习毛主席著作,认真地改造思想,更好地为社会主义革命和社会主义建设服务。

现在谨从你们对待父母的表现看,我更感到无限安慰。宝霆、宝环、宝珊收入虽略高于他人,但由于各自家庭的负担,生活并不宽裕,近十年来主动地精简自己的生活开支,尽可能地使父母过好晚年幸福生活,这种刻(克)己待人的精神确实难得。宝珠在紧张情况下,又兼繁重的家务劳动,并能经常到父母跟前问寒问暖,关怀父母疾苦的精神十分可嘉。

自宝垫牺牲后秀茹对子女教育有方,使子女继承父志,给党和国家培养革命接班人,是正确的。我们除了学习她对子女的正确教育方法外,并希望对她今后生活和精神上给予关切。

宝霖夫妇全家在外,相距数千里,我们今后应对他们加强联系和照顾,尤其是秀珍,自幼失去父母,对她更应加倍关怀。

宝玲对自己生活朴素,对待姐妹慷慨好义,这值得我们效仿。

在子女方面除宝瑛还在校攻读外,其余人均已参加革命工作,尤(由)于宝瑛将来参加工作,我把照相机赠给她留念,并给她购一辆自行车为将来的工作需要。

我在即将永别之际,千头万绪,很可能考虑得不对头和考虑得不到之处，现在我提出来谨作为对今后家务问题上的最后一次参考意见。

常连安

1966 年 8 月 11 日

父爱如山。多少年来，父亲如山般宽厚的肩膀为我们遮风挡雨；多少年来，父亲如山般坚毅的目光审视着我们的每一个脚步；多少年来，父亲如山般伟大的心胸抚育我们成长，如今，玉山将倾，父亲呼出的最后一缕气息是如此的温暖、深情和悠长。

在大限来临之际，父亲以极平淡的口吻交代着每一件事情，最后一次履行家长的职责，就像一次平平常常的出远门，叮嘱这个，安排那个，鼓励这个，担心那个，而他自己，只有奉献再奉献，他就是这样一位好父亲。

父亲，我们永远爱着你。

附录：常连安生平大事年表

1899 年农历 7 月 17，出生于北京。

1906 年，7 岁，丧父。

1907 年，母亲改嫁。

1905—1907 年，私塾读书两年。

1908 年，9 岁，被"写"给朱玉龙学京剧。

1909 年，10 岁，在东北海参崴、伯力等地演戏。

1912 年，13 岁，得大头翁病，几乎丧生。

1915 年，16 岁，回到北京。

1915—1917 年，富连成科班，入第二科，习老生。

1918 年，19 岁，与田英结婚。

1917—1918 年，在吴铁庵家教戏。

1919 年，到张家口谋生，改民间戏法。

1922 年 5 月 5 日，长子常宝堃出生于张家口。

1923 年，与赫淑卿结婚。到张家口、天津、南京、奉天等地演出。

1924 年，常宝珠、次子常宝霖出生，张家口发大水，到天津、青岛、唐山、黑龙江等地演出。

1926 年，27 岁，回张家口北市场演出，常宝堃 4 岁，开始变戏法表演"说口"。

1927 年，常宝玉出生。

1929 年，常宝霆出生。

221

1930 年,到天津"三不管"撂地,改说相声。

1931 年,常宝堃 9 岁,拜师张寿臣。父亲为代拉师弟。

1932 年,常宝华出生。

1936 年,常宝珊出生。母亲在南市庆云后住所病故。

1937 年,携常宝霖在北京演出,于西单开办启明茶社。

1938 年,创办启明茶社相声大会。

1940 年,常宝玲出生。

1942 年,携宝霆、宝华拍摄电影《锦绣歌城》。

1943 年,常宝瑛出生。

1944 年,常宝庆出生。

1947 年,常宝丰出生。

1948 年,启明茶社停办。

1949—1950 年,成立北城游艺社,排演新戏。

1950 年 7 月,山东快书演员高元钧在天津拜师常连安。

1951 年 3 月,常宝堃报名参加第一届赴朝慰问团曲艺服务大队,任中队长。

1951 年 4 月 23 日,爱子常宝堃壮烈殉国。

1951 年 5 月 15—18 日,举行全市公祭活动,市长黄敬等参加悼念。

1951 年 12 月 15 日,天津市曲艺工作团正式成立,任团长,举家搬到天津。

1952 年 1 月 14 日,率天津曲艺工作团赴北京演出并交流经验。

1952 年 10 月,率团参加北京全国第一届戏曲观摩会演。

1953 年,随团去沈阳、东北评剧院和鞍山演出一个月。

1953 年 10 月,参加天津市慰问演出团,赴河北省铁路沿线各

222

市、县慰问归国志愿军。

1954 年，随团至青岛文化宫、博山剧场，济南新新午（舞）台演出。

1955 年，赴咸水沽、北京、石家庄、郑州、汉口、上海等地演出。

1957 年，参加了第一届曲艺杂技会演，挖掘整理什不闲节目参演。

1959 年 7 月 26 日，与相声作者和漫画作者，在第一工人文化宫就"相声与漫画怎样引人发笑"的问题进行座谈。

1960 年，参加天津市首届魔术会演，表演"罗圈献彩"。

1961 年 6 月 22 日，受邀参加天津戏剧家协会和《天津日报》编辑部联合举办的有关相声笑料问题的座谈会。

1961 年 12 月 9—11 日，在音乐厅举办常氏相声专场，率领常氏三代同台演出。

1963 年 2 月 28 日，随团去上海、南京、北京、长春等地演出，劳累过度，不幸罹患肝炎。

1964 年，退休。

1966 年 9 月 6 日，因病情恶化，多方医治无效，在家中去世。

后　记

　　说说我怎样和常家人有缘和为什么执笔写这本传记。

　　回溯到 1984 年 6 月，中央人民广播电台和文化部举办了第一届"全国相声评比"，当时我刚刚考上南开大学中文系研究生，师从著名曲艺理论家薛宝琨先生。我跟随恩师来到青岛，在这次盛会上结识了许多相声名家，包括侯宝林大师等，接触最多的还是常宝华、常宝丰和常贵田这三位"常家人"。

　　常宝华先生很有长者风范，待人热忱关怀，对我未来的曲艺研究之路颇多指教。常贵田先生也热情地给我留下了签名题字的墨宝。认识常宝丰先生是因为他的参赛作品《并非讽刺裁判》，这个作品是天津艺术研究所所长、作家刘梓钰创作的，其内容是"虚拟再现"一场足球比赛，超级足球裁判的原则是"谁进球谁犯规"，讽刺了改革开放初期人们思想中积淀的平均主义，以变形的艺术形式揭露抑制人才"冒尖"的现实弊端。比赛那晚，我看到宝丰先生胸前戴着一个特大号的哨子上场了，他和王佩元先生的表演非常精彩，现场火爆，笑声不断，掌声雷动，这个作品获得创作一等奖和表演二等奖，为天津相声赢得了荣誉。

　　为了写评论稿，会后我到宝丰老师家里采访过两次，认识了他的爱人钱志伟姐姐。钱姐姐容貌清丽，我们相谈甚欢。我认为宝丰老师的表演风格具有常派相声清新脱俗、热情洒脱的独特韵味，他既擅长表演传统相声，又很注重新时代相声的创作与表演，这一点在他的《并非讽刺裁判》中发挥得淋漓尽致。他的另一个代表作品《坐唱数来宝》也因为很好地结合传统相声包袱儿手法和现代说唱而赢得年轻观众的喜爱。

2006 年天津常氏相声被列入国家级第一批非遗项目，而代表性传承人是宝丰老师的三哥、相声演员常宝霆先生。也是天津最早的相声传承人，后来常宝霆先生的儿子、相声演员常贵德先生是第二位传承人。在中国相声史上，常氏相声 20 世纪 30 年代崛起于天津南市"三不管"，很快形成独具的风格特色而且家族从艺人数最多，发展和高峰延续时间最长，而创始人正是常氏兄弟的父亲——常连安老先生。

我在之前与天津市杂技团老团长胡青、团长侯泉根合作《沽上百戏——辉煌的天津杂技》一书时悉知"罗圈献彩"（"罩子"）是天津古彩戏法的经典节目，而创始人依然是常连安老先生，那么这个人物无疑是具有很大传奇性的。

写作一本传记要传有可传之人，记有可忆之事，一个好的传主是可遇而不可求的。所以当宝丰老师和孙福海书记找到我，让我执笔写常连安传记时，我心早有属意，所以一拍即合。孙福海书记给我看了他原来写就的提纲，看得出来他前期已做了不少工作，因为无暇继续才忍痛割爱把任务交给了我。我感谢他对我的信任，但同时也有不小的压力。

首先必须对人物有一个整体的把握，我们的传主常连安是一个了不起的艺术家，他自幼学京剧，坐科富连成，倒仓之后，改学戏法，善使口铺纲，自有"小蘑菇"以后，如虎添翼，渐改相声，经张寿臣等提携，成为天津相声之响档。1938 年在北京创办启明茶社并发展壮大，使相声成为新兴的产业。50 年代初爱子殉国后担任第一任天津曲艺团团长,为促进天津曲艺事业的繁荣功不可没。他的艺术之路坎坷曲折,他的朋友圈涉及京剧、魔术和曲艺,用现在的话来说可谓"三栖",用"多才多艺"一词恐已不能概括,他的胸壑纵横远远超过当时的艺人。若要写出比较完备的传记,环境、人物、细节三要素不可或缺,因此我确立了环境描述上再现民国三界、人物塑造上表现艺术追求、细节上抒写心灵情感的原则。

甫一开始,便遇到缺少生平材料的问题,时间久远,真相难求,然而最大的帮助是来自常连安本人。在1966年"文革"初期和罹患肝病晚期的恶劣情况下,老人用64天时间写出来的5740字的《自述》,字字含血,行行催泪,读毕,不觉掩卷喟叹。真正的智者是走在时间前面的人,唯有用事实说话,无视传闻误会甚至诋毁,常连安先生是笑到最后的大赢家。

传记所写和读者所读的,给我们感受最深的是,常家是新旧中国两重天的见证人,他们一家人身上既有旧社会生活在最底层人民的苦难烙印,也有新社会红旗下的光荣绽放,同样是说相声,献艺的目的、性质、方式和效果却有着天壤之别。所以常老的思想和对于子女的教育是朴素的,发自内心深处的,没有丝毫的"矫情",个人的命运和国家的利益是一致的,可是为什么我们有的人今天会走到"消解"苦难、"消解"英雄、消解价值观而单纯娱乐的路上去? 确实应该好好反思一下。

关于常氏相声的特点,书中已有常家子女的总结和一些名家的点评,常老对子弟相声教育观点中也有很多的呈现,若想抓住常氏相声体系鲜明的特色,我姑且拈出四个字概括,就是"清、新、演、爆"。"清"是指常氏相声演员声音口齿要高度清晰,让全场观众都能听真台词,所以常老最强调过硬的基本功训练。"新"是指所说段子的内容要与时代结合，提倡创演有时代特点的、受当下观众欢迎的相声。"演"是指常氏相声演员的表演要表现人物，抓住人物的特点，演出人物的性格，多元化调动、运用有益于表现人物的表演手段。"爆"是指常氏相声演员要有积极饱满的表演热情，抖出的包袱儿要爆脆响，他们不走冷蔫哏那一路。这是常氏相声有别其他家族相声的特点，尤其是第三点，因为电视等视觉艺术的发展，有把相声传统四门功课"说学逗唱"的说法演变为"说学演唱"的趋势，已引起了许多相声爱好者和研究者的注意，尤其在国家大力弘扬传统艺术的今天，研究常氏相声，汲取常氏相声的有益经验，对相声更好地传承与发展有十分重要的意义。

近年来口述史因为个人视角的日常生活化受到青睐，此书作为传记，口述只是一种形式，传记的实质是文学，读者可以通过一个人和他的家庭的故事，看到百年来社会的剧烈变化，艺术的形式与环境、时代，艺术家的努力与理想等。第一人称叙述固然是亲切的，可信度强的，但传记要让人爱看和耐看，不能是大事记流水账，也不能是虚妄的伟大，语言尽量做到口语化但不拘泥于口语。同时传记是一门选择的艺术，合理的结构和想象力可以避免这种叙述视角的局限，使我们感受到人物有肌理质感和温度的生活。

感谢常家人，宝丰老师作为口述者付出了大量时间和精力，做了主要的工作。他的七姐常宝瑛是一位深受病人爱戴的好医生，作为常老晚年在身边朝夕相伴的女儿，她的回忆给了我很大的帮助。在那些讲述老人故事的夜晚，我听到微信语音传来的讲到动情处的哽咽，可能是先天遗传自带文艺细胞，常大夫的叙述语言本身也是有文采的，值得我学习的。感谢八爷常宝庆先生和他的爱人"八姑"，三姐常宝玉、五姐常宝珊等常家长辈，祝他们健康长寿。谢谢

227

常桂春、常晓兰等常家晚辈的支持。这一家人的孝义和德行我以为是常老先生懿行楷模作用的印证,我也从中学到了许多,比如倾心倾力做好执笔者这件事。

感谢曲艺演员田立禾、刘俊杰、刘国器、高洪胜及郭荣起女儿、漫画家左川等提供有关资料,感谢曲艺理论家孙福海书记、高玉琮先生,薛师私淑弟子、我的师弟启贺先生等提出宝贵意见,感谢我的研究生李秋爽做录入工作和北京的谢岩提供启明茶社的珍贵照片。另外写作时参考了常宝霆、赵志明先生发表在《天津演唱》的同名传记旧作,因均以《自述》为依据,某些相似之处在所难免。还有孙福海书记的《逗你没商量》等大作均作为重要借鉴依据,不敢掠美,故此说明。最后向为此书得以问世付出辛勤劳动的出版社张素梅主任及其他编辑致以深深的谢意。

愿此书能够引领读者朋友进入民国京剧、戏法与相声三星辉映的艺术殿堂,领略常氏相声艺术的风采,感受爱情、亲情、友情、爱国之情的正能量,愿常连安先生为之付出毕生心血的相声事业后继有人,不断发扬光大,为人民制造更多的欢笑!

鲍震培

戊戌立春于津南